32가지 놀이로 중국어 기초 회화를 배워요!

맛있는 어린이 중국어 놀이짱

JRC 중국어연구소 기획 | 황지민 저

맛있는 books

자르는 선

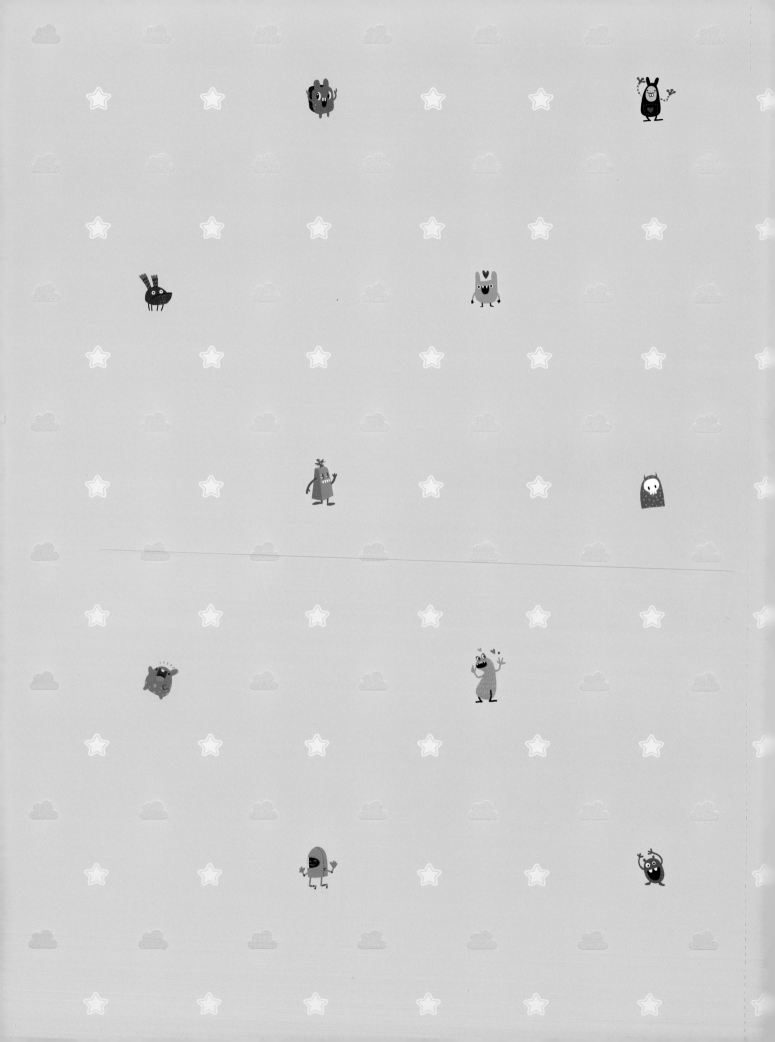

자르는 선   --------- 접는 선

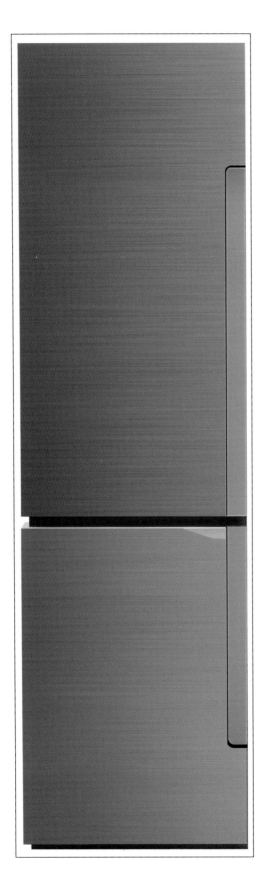

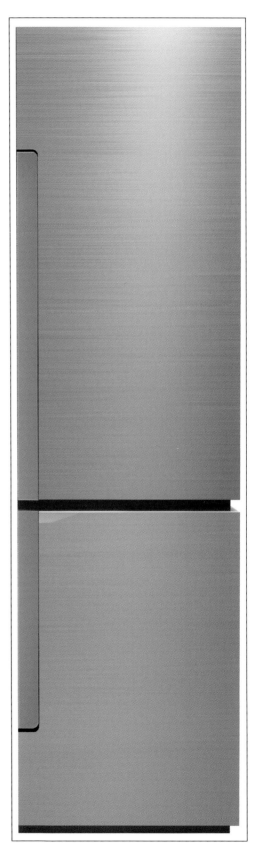

풀칠

풀칠

자르는 선

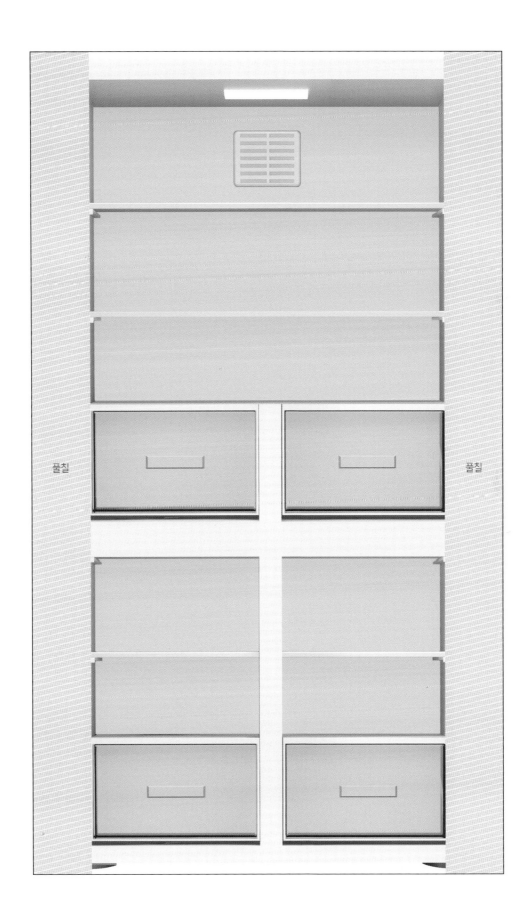

풀칠

풀칠

자르는 선

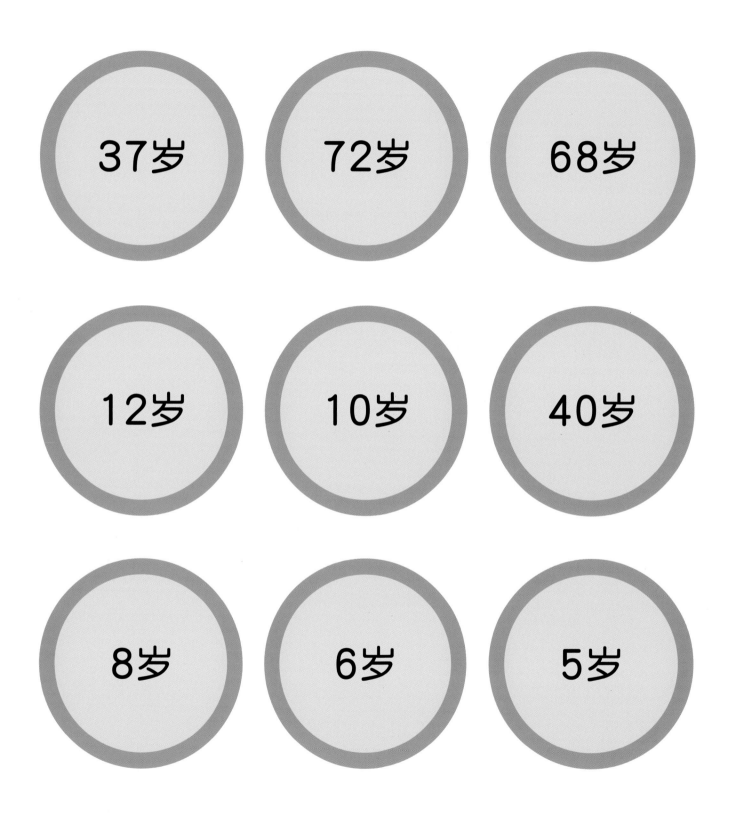

자르는 선

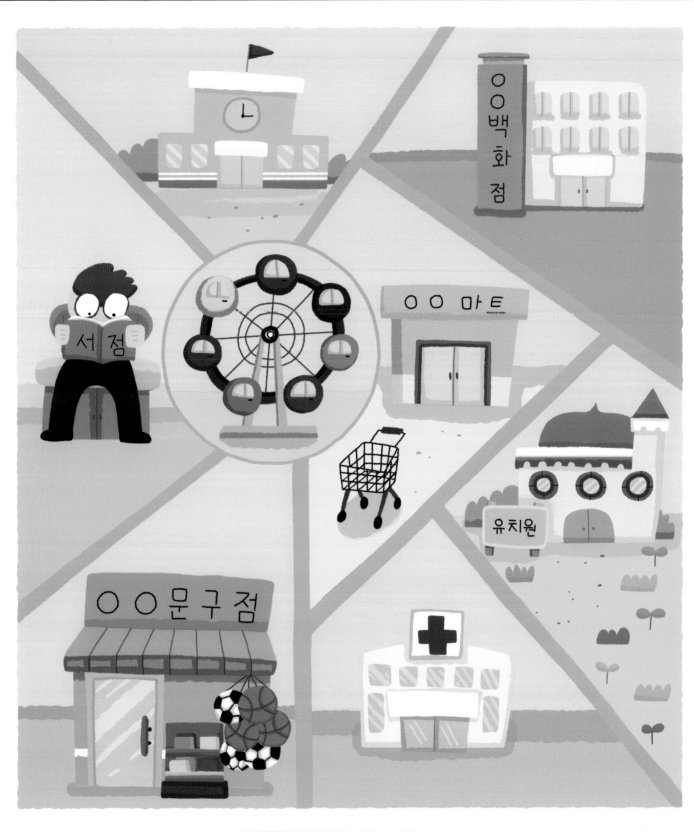

―――― 자르는 선 -------- 접는 선

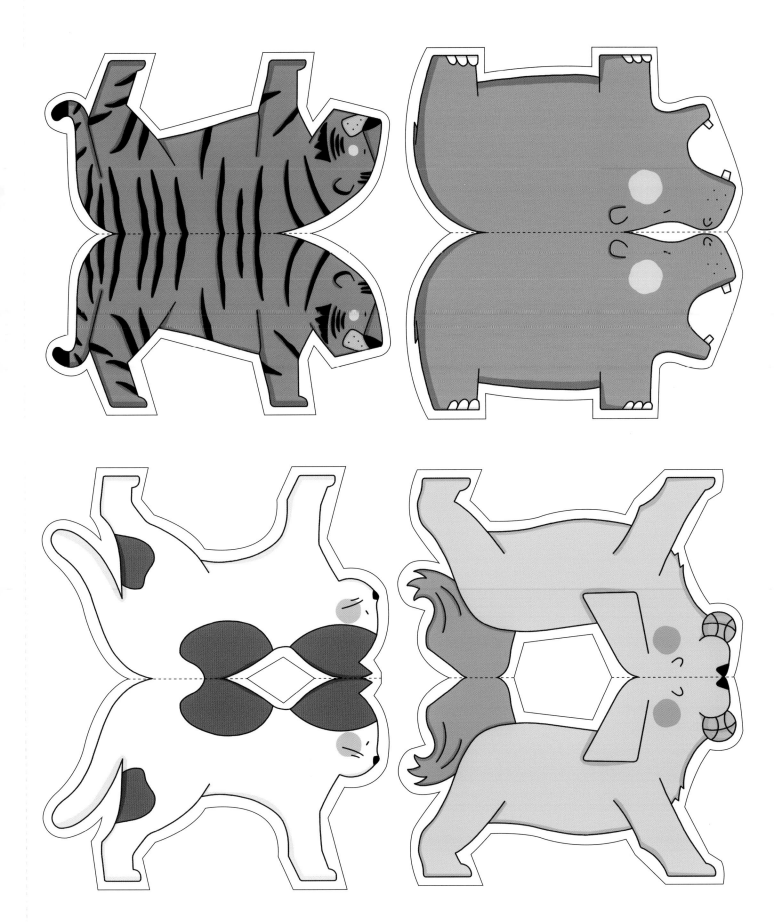

 26쪽 | 부록11

───── 자르는 선　- - - - - - - 접는 선

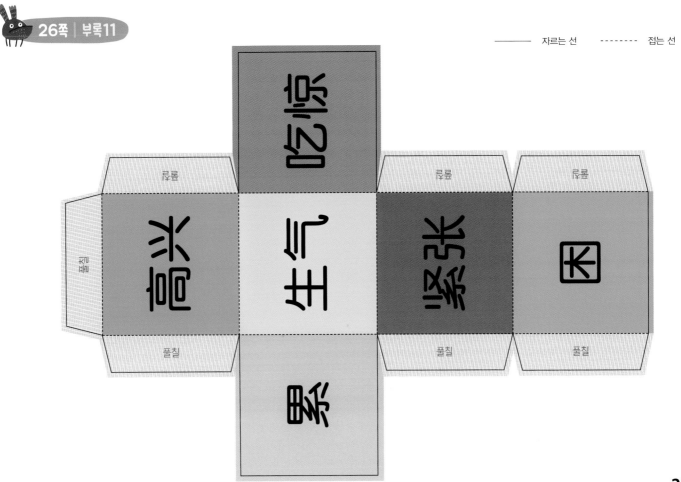

자르는 선

红色

蓝色

黄色

白色

黑色

绿色

橘黄色

紫色

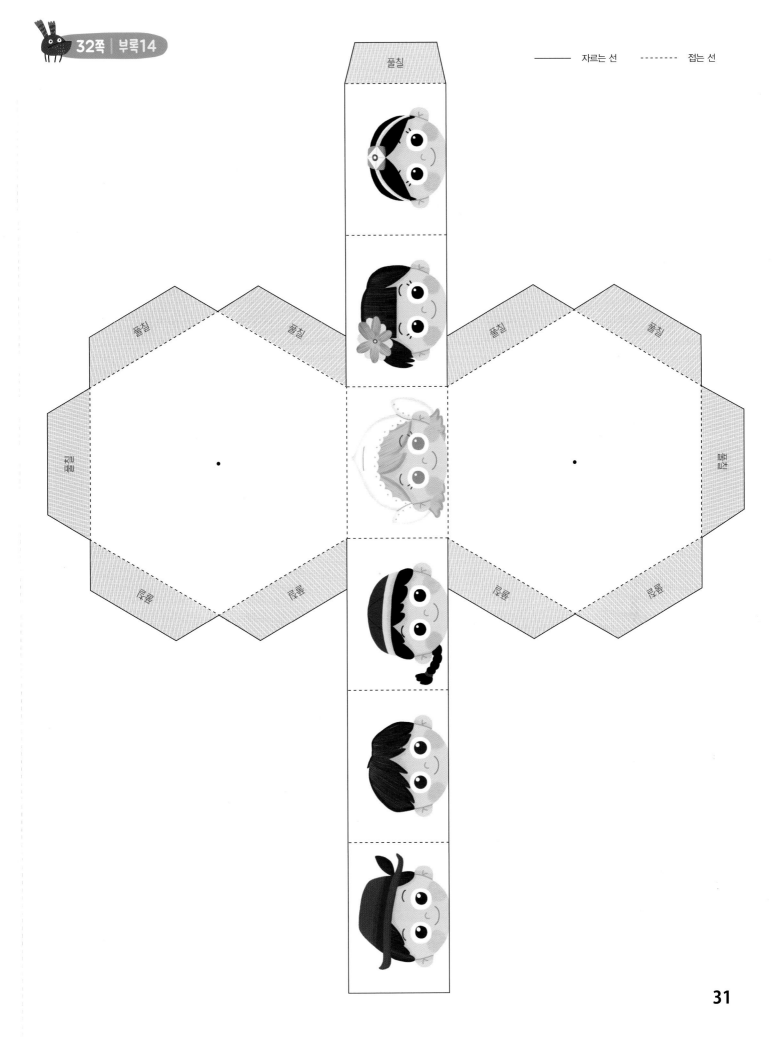

풀칠

풀칠

풀칠

풀칠

풀칠

풀칠

풀칠

풀칠

풀칠

풀칠

풀칠

──── 자르는 선   ┄┄┄ 접는 선

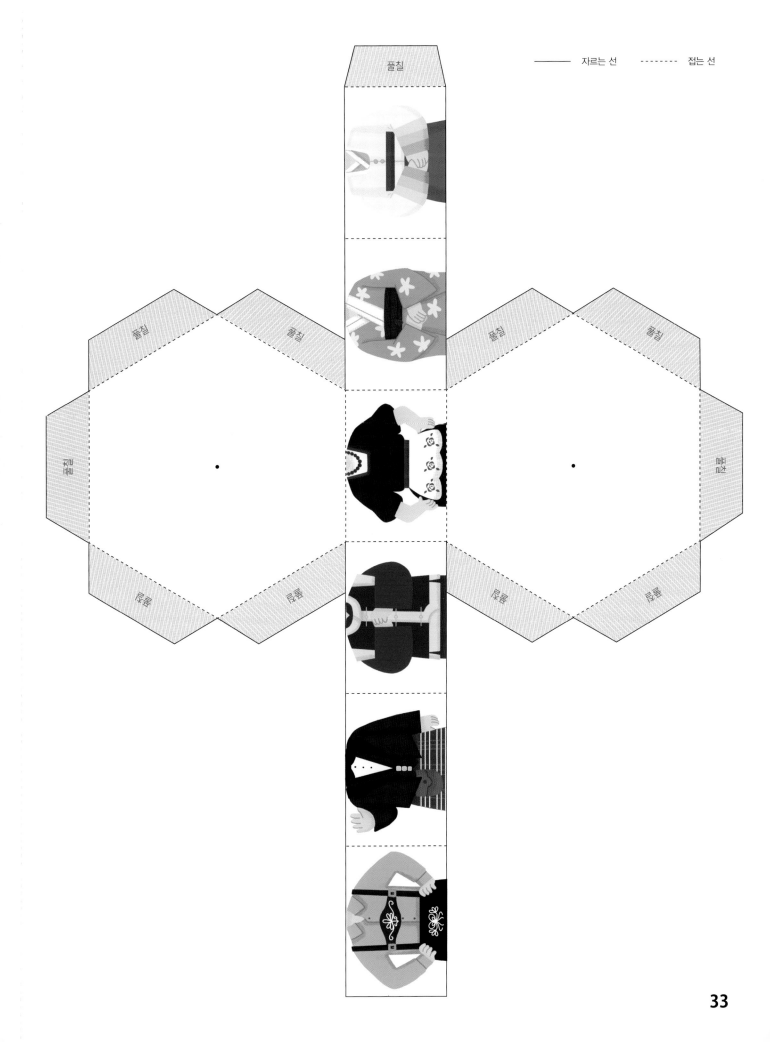

자르는 선 ------- 접는 선

풀칠

33

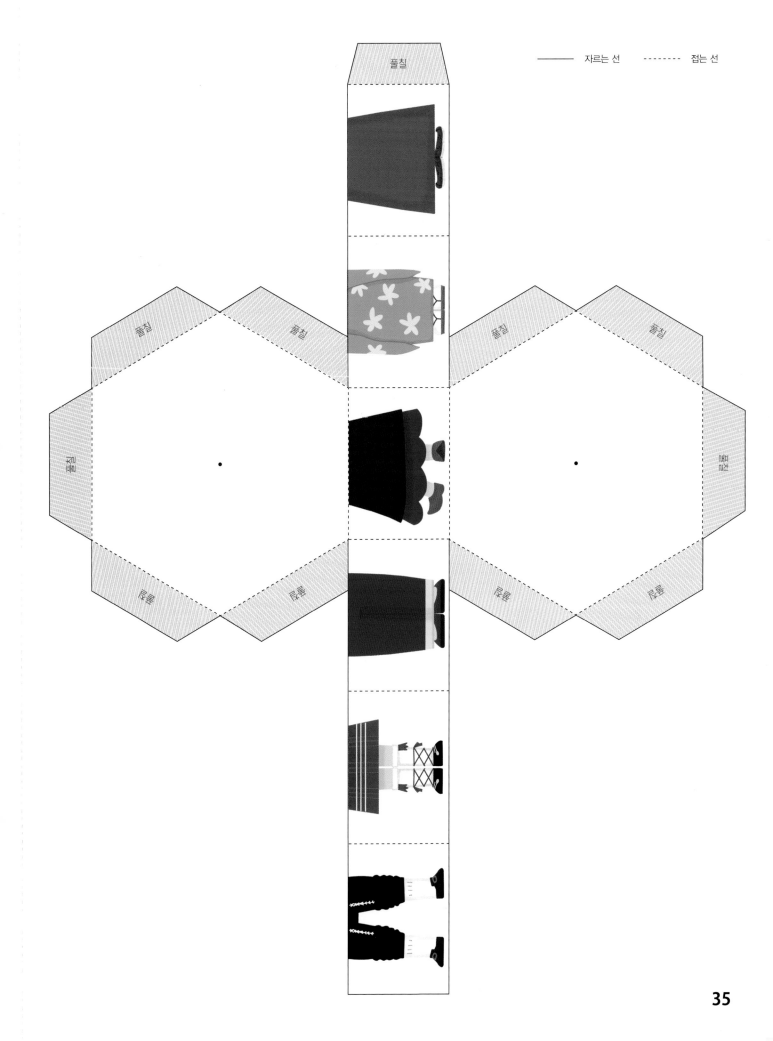

풀칠

풀칠 풀칠 풀칠 풀칠

풀칠 풀칠 풀칠 풀칠

풀칠 풀칠

───── 자르는 선   ┈┈┈┈ 안쪽으로 접는 선   ─ ─ ─ ─ 바깥쪽으로 접는 선

자르는 선

36쪽 | 부록16

자르는 선

昨天
星期几？

今天
星期几？

明天
星期几？

后天
星期几？

前天
几月几号？

昨天
几月几号？

今天
几月几号？

后天
几月几号？

儿童节
几月几号？

圣诞节
几月几号？

—————— 자르는 선

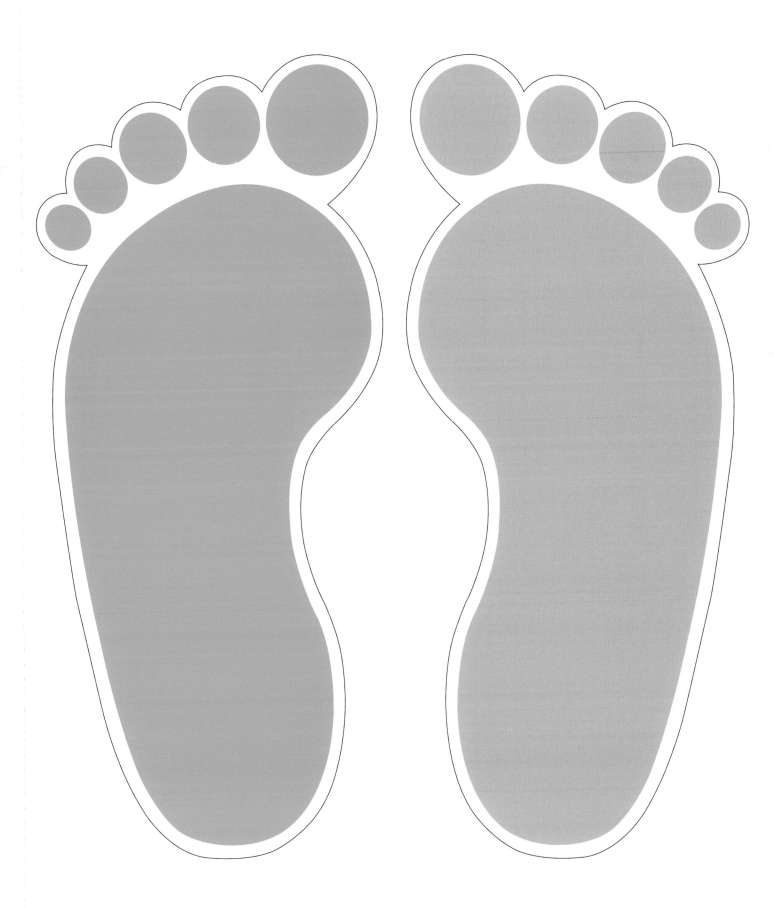

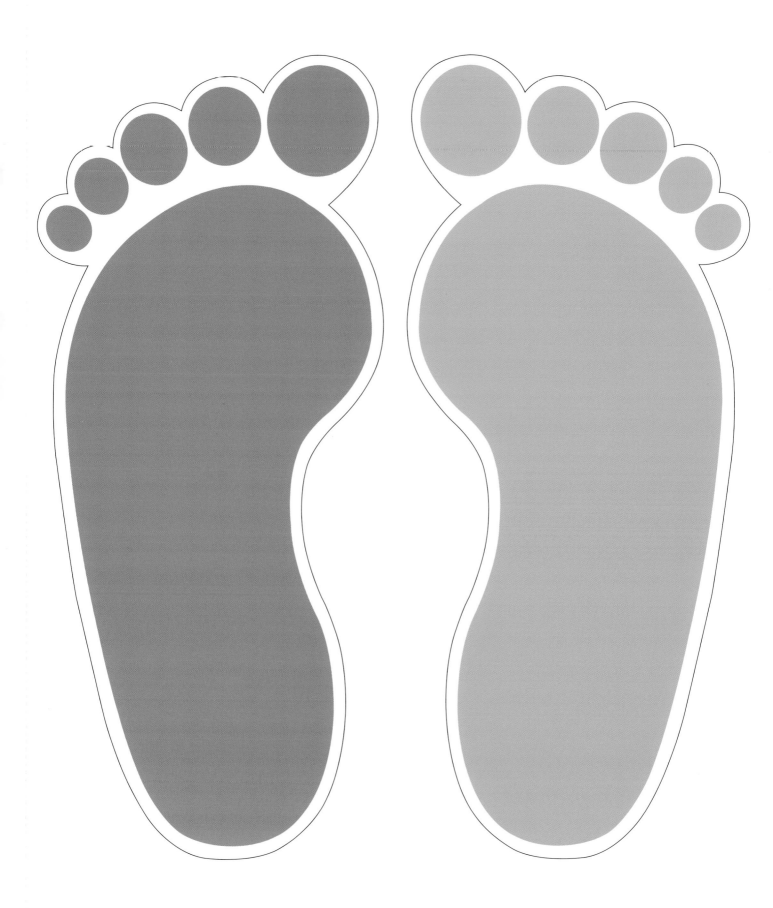

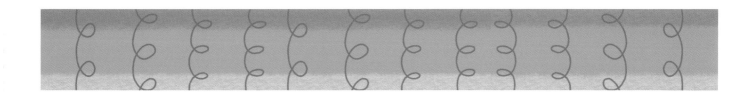

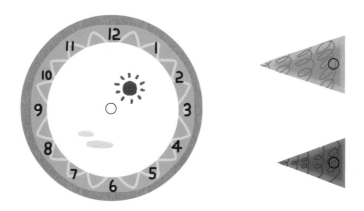

──── 자르는 선   ------- 접는 선

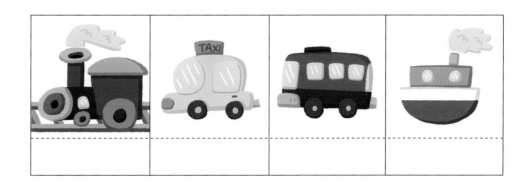

———— 자르는 선   ----------- 접는 선

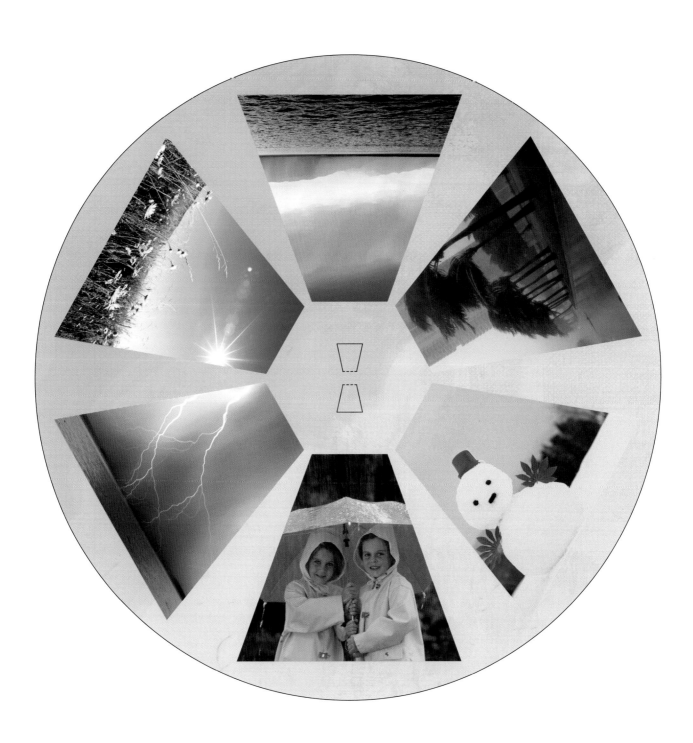

자르는 선

─────── 자르는 선

购物单

☐ 1. 我买_____。

☐ 2. 我买_____。

☐ 3. 我买_____。

☐ 4. 我买_____。

☐ 5. 我买_____。

☐ 6. 我买_____。

46쪽 | 부록25

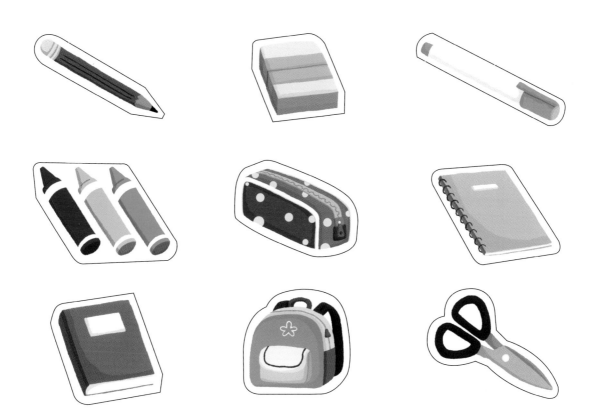

자르는 선

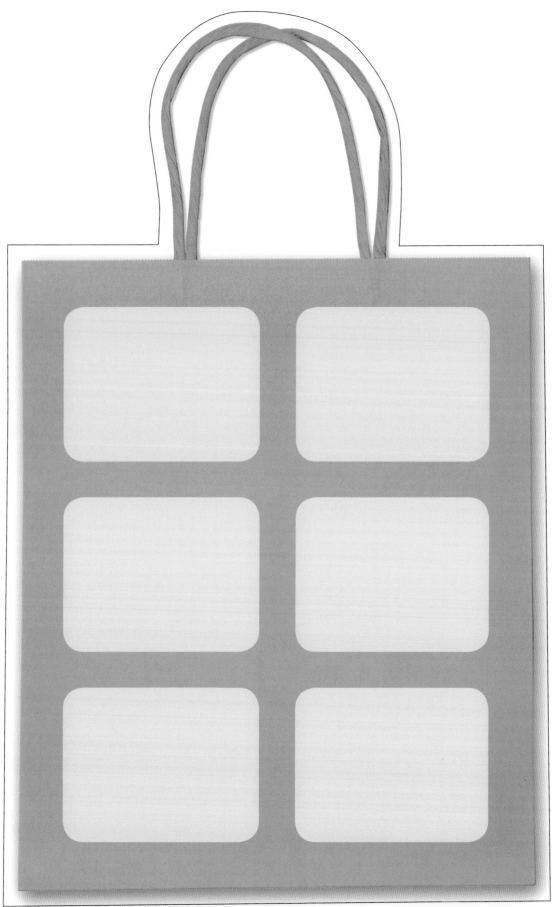

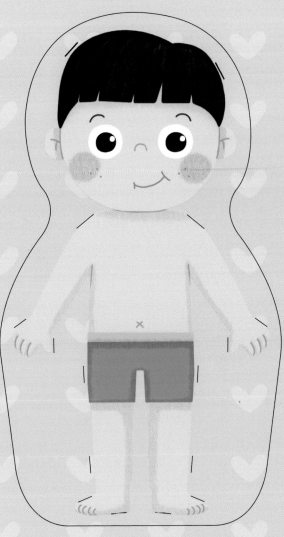

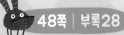 48쪽 | 부록28

50쪽 | 부록29

——— 자르는 선

65

자르는 선

────── 자르는 선

자르는 선

滑雪	游泳
滑冰	足球

篮球

跆拳道

羽毛球

棒球

爷爷

奶奶

爸爸

妈妈

哥哥

姐姐

弟弟

妹妹

我

我

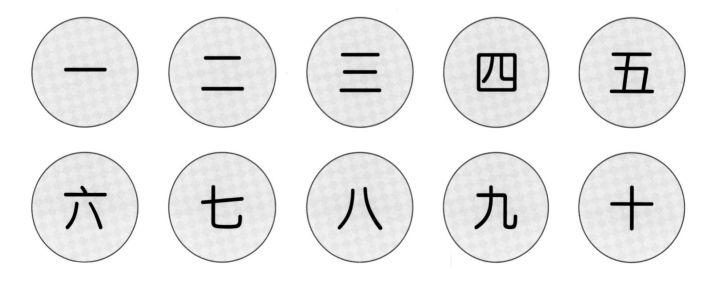

一

二

三

四

五

六

七

八

九

十

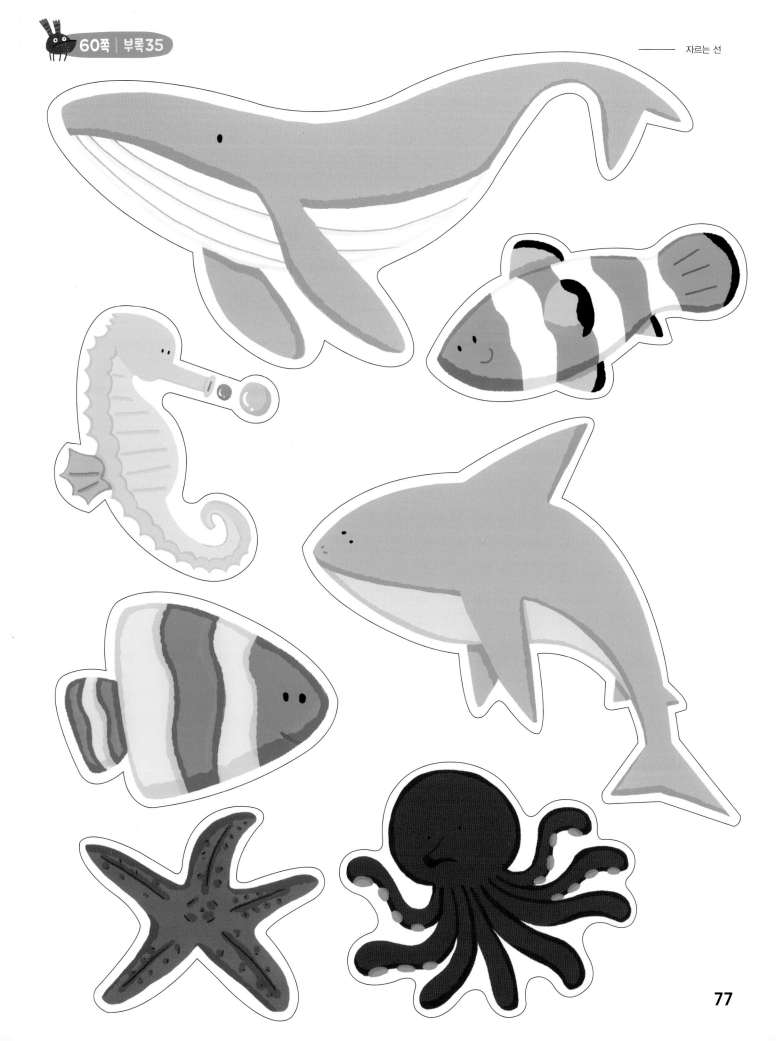

자르는 선

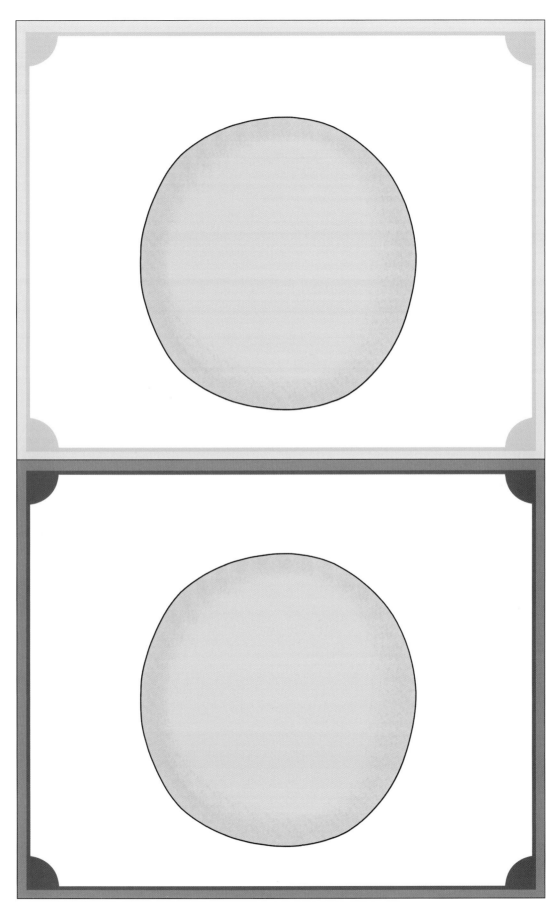

64쪽 | 부록37

자르는 선

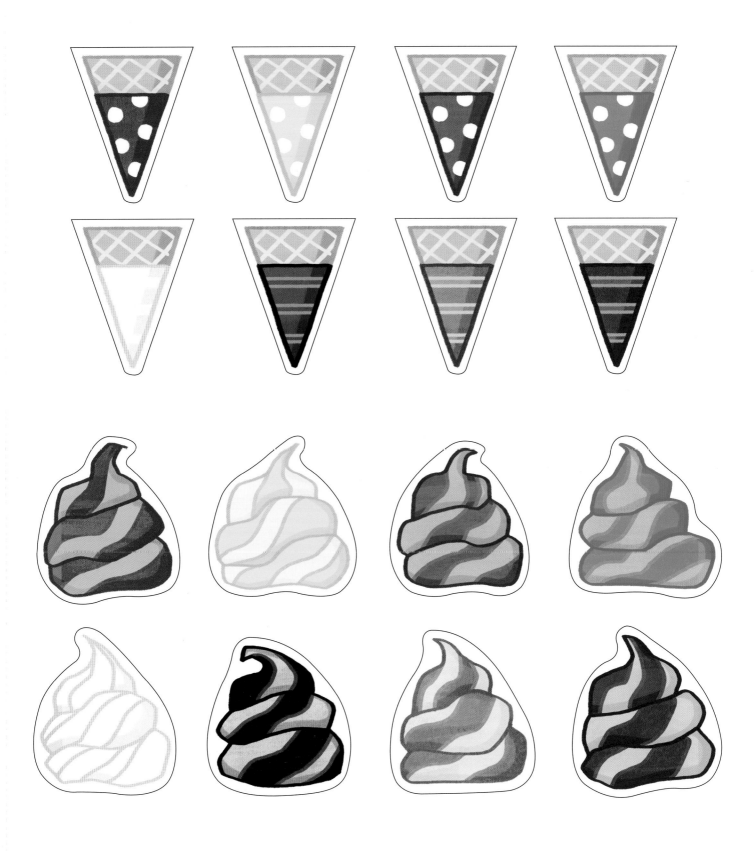

—— 자르는 선   ┄┄┄┄ 접는 선

풀칠

풀칠

풀칠

풀칠

풀칠

풀칠

풀칠

풀칠

풀칠

풀칠

풀칠

풀칠

풀칠

풀칠

풀칠

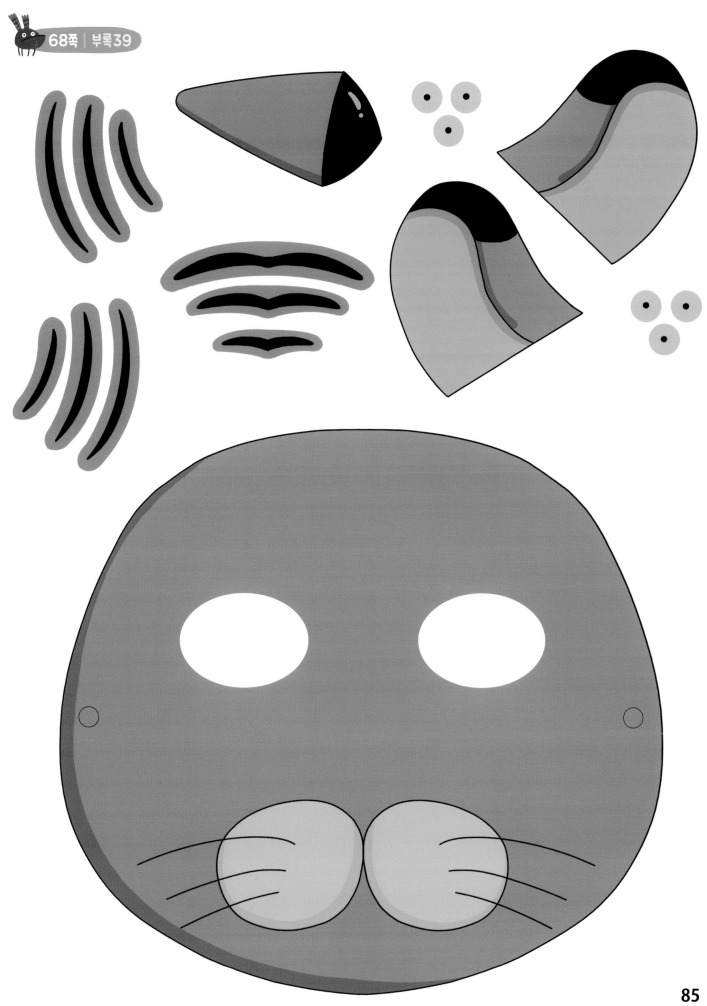

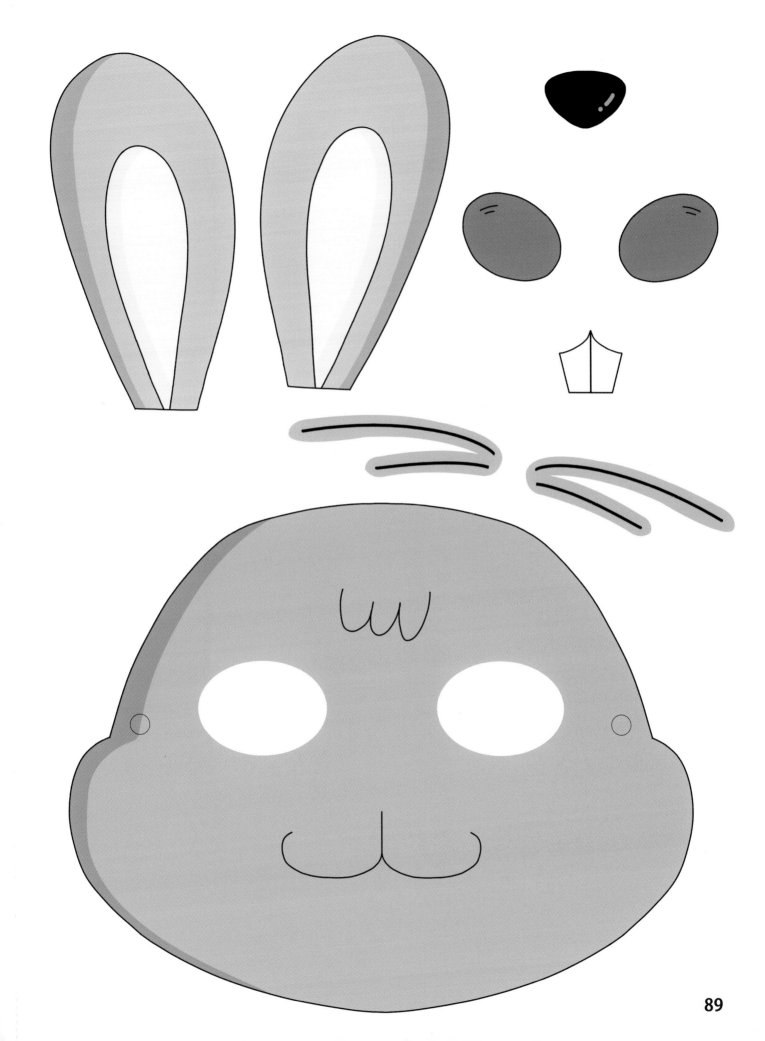

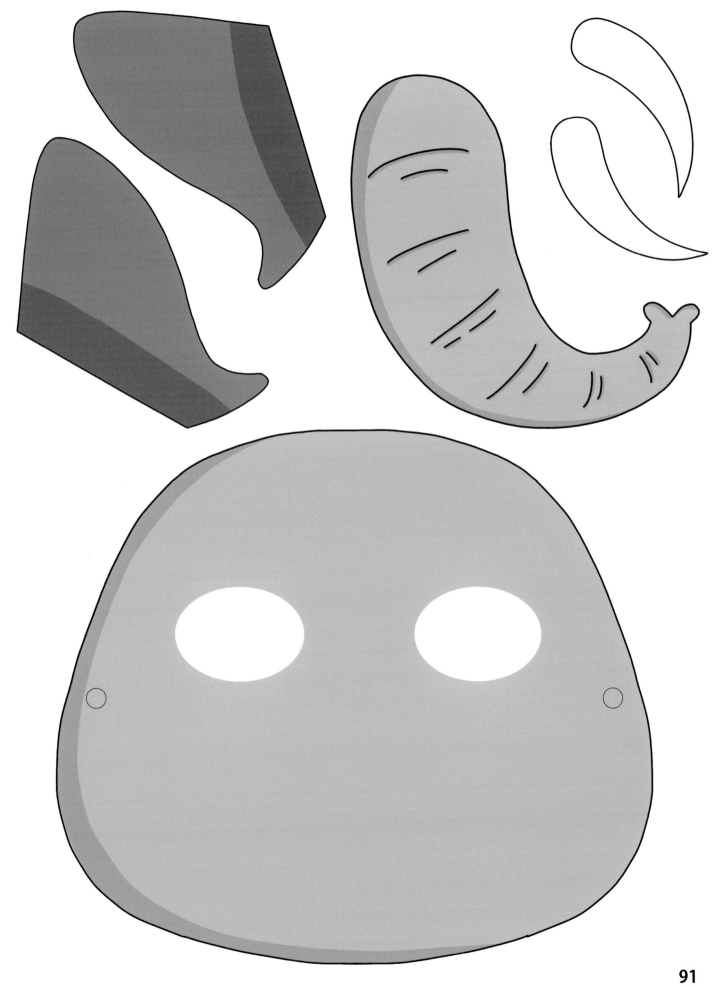

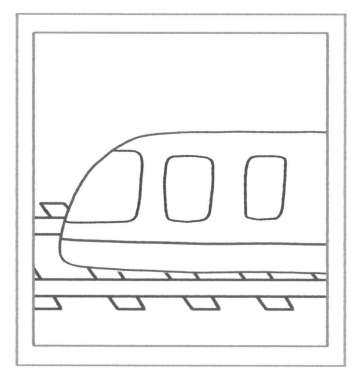

──── 자르는 선   - - - - - - - 접는 선

70쪽 | 부록42

──── 자르는 선　　┄┄┄ 접는 선

풀칠

풀칠

풀칠

풀칠

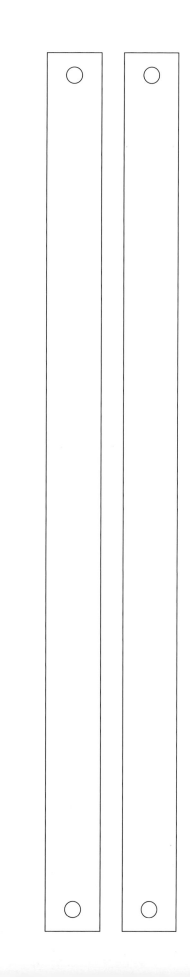

맛있는 어린이 중국어 놀이짱

단어 카드

我	你	你们
她	他	苹果
草莓	西瓜	香蕉
芒果	桃子	梨子
橙子	橘子	葡萄
菠萝	爷爷	奶奶

nǐmen	nǐ	wǒ
너희들	너, 당신	나
píngguǒ	tā	tā
사과	그	그녀
xiāngjiāo	xīguā	cǎoméi
바나나	수박	딸기
lízi	táozi	mángguǒ
배	복숭아	망고
pútao	júzi	chéngzi
포도	귤	오렌지
nǎinai	yéye	bōluó
할머니	할아버지	파인애플

爸爸	妈妈	哥哥
姐姐	弟弟	妹妹
一	二	三
四	五	六
七	八	九
十	百货商店	图书馆

gēge 오빠, 형	**māma** 엄마	**bàba** 아빠
mèimei 여동생	**dìdi** 남동생	**jiějie** 언니, 누나
sān 3, 셋	**èr** 2, 둘	**yī** 1, 하나
liù 6, 여섯	**wǔ** 5, 다섯	**sì** 4, 넷
jiǔ 9, 아홉	**bā** 8, 여덟	**qī** 7, 일곱
túshūguǎn 도서관	**bǎihuò shāngdiàn** 백화점	**shí** 10, 열

餐厅	快餐厅	公园
游乐场	学校	幼儿园
书店	超市	文具店
医院	老虎	河马
猫	狗	大象
狮子	熊	兔子

gōngyuán 공원	**kuàicāntīng** 패스트푸드점	**cāntīng** 음식점
yòu'éryuán 유치원	**xuéxiào** 학교	**yóulèchǎng** 놀이공원
wénjùdiàn 문구점	**chāoshì** 슈퍼, 마트	**shūdiàn** 서점
hémǎ 하마	**lǎohǔ** 호랑이	**yīyuàn** 병원
dàxiàng 코끼리	**gǒu** 개	**māo** 고양이
tùzi 토끼	**xióng** 곰	**shīzi** 사자

熊猫	高兴	生气
吃惊	累	困
紧张	面包	汉堡包
蛋糕	米饭	可乐
牛奶	果汁	矿泉水
红色	橘黄色	黄色

shēngqì 화내다	**gāoxìng** 기쁘다	**xióngmāo** 판다
kùn 졸리다	**lèi** 피곤하다	**chījīng** 놀라다
hànbǎobāo 햄버거	**miànbāo** 빵	**jǐnzhāng** 긴장하다
kělè 콜라	**mǐfàn** 쌀밥	**dàngāo** 케이크
kuàngquánshuǐ 생수	**guǒzhī** 과일 주스	**niúnǎi** 우유
huángsè 노란색	**júhuángsè** 주황색	**hóngsè** 빨간색

绿色	蓝色	紫色
白色	黑色	韩国
中国	日本	美国
英国	法国	德国
厨师	老师	医生
护士	歌手	空姐

zǐsè	lánsè	lǜsè
보라색	파란색	녹색
Hánguó	hēisè	báisè
한국	검은색	흰색
Měiguó	Rìběn	Zhōngguó
미국	일본	중국
Déguó	Fǎguó	Yīngguó
독일	프랑스	영국
yīshēng	lǎoshī	chúshī
의사	선생님	요리사
kōngjiě	gēshǒu	hùshi
스튜어디스	가수	간호사

画家	警察	科学家
公司职员	设计师	运动员
飞机	船	公共汽车
出租车	汽车	火车
地铁	晴天	阴天
下雨	下雪	刮风

kēxuéjiā	jǐngchá	huàjiā
과학자	경찰	화가
yùndòngyuán	shèjìshī	gōngsī zhíyuán
운동선수	디자이너	회사원
gōnggòng qìchē	chuán	fēijī
버스	배	비행기
huǒchē	qìchē	chūzūchē
기차	자동차	택시
yīntiān	qíngtiān	dìtiě
흐린 날씨	맑은 날씨	지하철
guāfēng	xiàxuě	xiàyǔ
바람이 불다	눈이 내리다	비가 내리다

打雷	铅笔	橡皮
圆珠笔	蜡笔	笔盒
本子	书	书包
剪刀	裤子	裙子
上衣	连衣裙	帽子
鞋子	大衣	手套

xiàngpí 지우개	**qiānbǐ** 연필	**dǎléi** 천둥이 치다
bǐhé 필통	**làbǐ** 크레용	**yuánzhūbǐ** 볼펜
shūbāo 책가방	**shū** 책	**běnzi** 공책
qúnzi 치마	**kùzi** 바지	**jiǎndāo** 가위
màozi 모자	**liányīqún** 원피스	**shàngyī** 상의
shǒutào 장갑	**dàyī** 외투	**xiézi** 신발

眼睛	鼻子	嘴巴
耳朵	头	脸
嗓子	手	脚
腿	游泳	滑雪
滑冰	篮球	羽毛球
棒球	跆拳道	足球

zuǐba 입	**bízi** 코	**yǎnjing** 눈
liǎn 얼굴	**tóu** 머리	**ěrduo** 귀
jiǎo 발	**shǒu** 손	**sǎngzi** 목(구멍)
huáxuě 스키를 타다	**yóuyǒng** 수영하다	**tuǐ** 다리
yǔmáoqiú 배드민턴	**lánqiú** 농구	**huábīng** 스케이트를 타다
zúqiú 축구	**táiquándào** 태권도	**bàngqiú** 야구

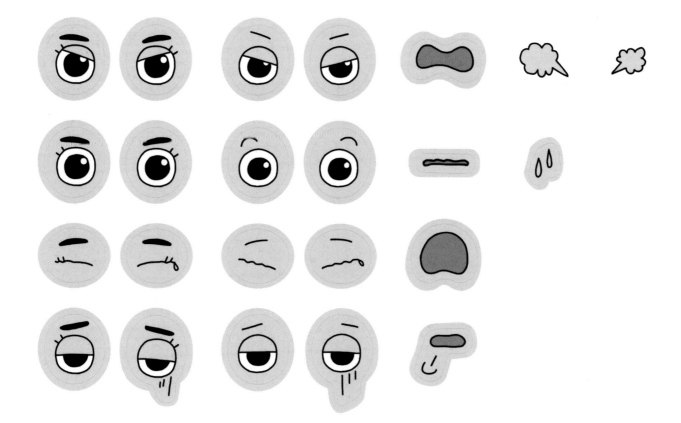

高兴　　生气　　吃惊　　紧张　　困　　　累

PLAY13 | 34쪽 스티커4

PLAY17 | 42쪽 스티커5

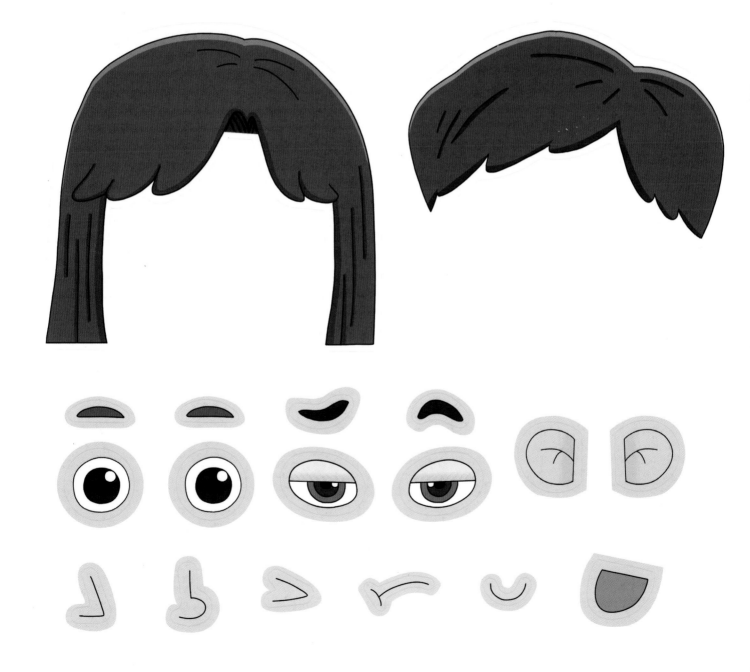

32가지 놀이로 중국어 기초 회화를 배워요!

맛있는
어린이 중국어
놀이짱

JRC 중국어연구소 기획 | 황지민 저

맛있는 books

저자 **황지민**

한양대학교 교육대학원 중국어교육 전공

현 통통한자&중국어교육원 대표
국내 최초 <유초등놀이한자지도사>, <중국어동화구연지도사>, <어린이중국어요리
지도사>, <중국어보드게임지도사>, <한자보드게임지도사> 자격증 과정 개발 및 강의
JRC <커이커이 어린이중국어 강사양성 과정> 전임강사
영등포, 종로, 수원, 성남 여성인력개발센터 <어린이중국어지도사>, <유초등놀이한자
지도사> 강의
글마루한옥어린이도서관 마법천자문 한자 강사
강남시니어클럽 <어린이한자교사 보강 교육> 강사

전 이화여대, 한서대, 부산대 <어린이중국어지도사> 과정 초빙교수
경인교대 <중급한자>, <중국어기초회화> 초빙교수
세계사이버대학 교양학부 중국어 교수
코엑스 별빛도서관 <마법천자문으로 배우는 한자> 초빙 특강
한국잡월드 <우등생은 한자로, 글로벌리더는 중국어로 시작한다> 초빙 특강
종로 시사중국어학원 HSK 강사, 중국어회화 전임강사
SK텔레콤, 현대중공업, 현대홈쇼핑, LG전자, 한화, 대웅제약 등 다수 기업체
중국어 출강
고양여성인력개발센터, 용산여성인력개발센터, 남부여성발전센터 <어린이
중국어지도사>, <유초등놀이한자지도사> 강의
안양시 다문화가족지원센터 <어린이중국어지도사&유초등놀이한자지도사>,
시흥시 다문화가족지원센터 <어린이중국어지도사&유초등놀이한자지도
사&중국어동화구연지도사> 강의
경기꿈의대학 <재미있게 배우는 놀이 한자> 강의
다수 초등학교 및 도서관, 어린이집, 문화센터 등 어린이 중국어 및 한자 강사

저서
순결한 중국어
칸칸 중국어 단어장
마법천자문 한자놀이북 1상, 1하
마법천자문 한자놀이북 2상, 2하

맛있는 어린이 중국어 카페(https://cafe.naver.com/kidchina1)에 들어가면
단어 카드, PPT, 강의계획서, MP3 자료 등 수업에 활용 가능한 다양한 학습
자료를 다운로드 할 수 있습니다.

맛있는 어린이 중국어 놀이짱

펴낸날 2021년 4월 20일 2쇄 | 저자 황지민 | 기획 JRC 중국어연구소 | 발행인 김효정 | 발행처 맛있는books
등록번호 제2006-000273호 | 편집 최정임, 전유진, 조해천 | 디자인 이솔잎 | 제작 박선희 | 영업 강민호, 장주연
마케팅 이지연 | 일러스트 신가원 | 성우 차오홍메이, 리춘화, 오은수

주소 서울시 서초구 명달로 54 JRC빌딩 7층 | 구입문의 02·567·3837, 02·567·3861
내용문의 02·567·3860 | 팩스 02·567·2471 | 홈페이지 www.booksJRC.com
ISBN 979-11-6148-037-4 63720
정가 16,800원

© 2019 맛있는books, 황지민

저자와 출판사의 허락 없이 이 책의 일부 또는 전부를 무단 복사, 전재, 발췌할 수 없습니다.
잘못된 책은 구입처에서 바꿔 드립니다.

KC 제품명: 일반 어린이도서 | 제조자명: JRC에듀 | 판매자명: 맛있는books | 제조국: 대한민국
주소: 서울시 서초구 명달로 54 JRC빌딩 7층 | 전화번호: 02-567-3860 | 제조년월: 2021년 4월 20일 | 사용연령: 8세 이상
KC마크는 이 제품이 공통안전기준에 적합하였음을 의미합니다.

머리말

전 종로에 있는 한 중국어학원에서 강사로서의 첫발을 내디뎠습니다.

성인 대상의 수업만 하다가 처음 초등학교 3학년 남자아이의 중국어 과외를 하게 되었을 때, 나름 잘 가르칠 수 있을 거라는 막연한 확신을 가지고 첫 수업을 했다가 1시간이 10시간처럼 느껴졌던 슬픈 추억이 있습니다. 제가 그 정도였으니 그 아이는 어땠을까요?

그때는 저도 아이들에 대해 너무 몰랐고 또 어린이 중국어 교수법을 배울 곳도 없어서 수업 준비를 어떻게 해야 할지 모른 채 성인 수업과 비슷하게 준비했던 게 화근이었죠. 아이들 수업에 꼭 필요한 교구 같은 것도 전혀 없이 책과 플래시 카드만 달랑 들고 수업을 했거든요.

그렇게 좌충우돌하며 초등학교, 문화센터, 유치원 등에서 다양한 연령대의 아이들을 겪으면서 쌓은 수업 노하우를 어린이 중국어 교수법을 궁금해 하는 분들께 알려드리면서 많은 분들이 교구 만들기를 힘들어 한다는 것을 알았어요.

어린이 대상 수업에서 선생님이 준비하는 교구와 아이들이 직접 참여하는 만들기 활동은 굉장히 중요한데요. 교구는 수업에 흥미를 갖게 하고 아이들로 하여금 수동적이 아니라 능동적으로 수업에 참여할 수 있게 하지요. 또한 만들기 활동은 아이들에게 성취감을 느끼게 하고 중국어에 자신감을 갖게 도와준답니다.

최근에는 엄마표 중국어에 관심을 갖는 분들도 많은데요. 중국어를 알고는 있지만 내 아이와 중국어로 재미있게 놀 수 있는 방법을 몰라 고민하시더라고요.

그래서 이 책을 만들면서 최소한의 재료로 아이들도 쉽게 만들 수 있는 교구들을 주제별로 다양하게 담으려고 노력했습니다. 또한 만들기 자료뿐만 아니라 교구를 활용하여 효과적으로 중국어 발화를 이끌어 내는 방법까지 자세하게 담았습니다.

어린이 중국어 선생님뿐만 아니라 내 아이와 즐겁게 중국어 놀이를 하고 싶은 부모님들께 이 책이 좋은 길잡이가 되었으면 합니다.

황지민

놀이짱은 이렇게 구성되어 있어요

32가지 놀이, 52개 테마별 회화로 시작하는 어린이 중국어 회화!
단순히 학습하는 것이 아니라 신나는 놀이로 재미있게 중국어를 배울 수 있어요.

동영상 강의
선생님과 함께 놀아요.

PLAY 01 움직이는 인형 인사

준비물 가위, 펀치, 할핀, 나무젓가락, 납작 빨대, 글루건 또는 양면테이프

🥁 팔다리가 움직이는 인형을 만드는 놀이예요. 인형을 움직이며 인사 표현을 재미있게 익혀 보아요.

학습 내용
놀이 내용과 학습할 주제를 알아봐요.

준비물
만들기에 필요한 준비물을 확인해요.

만드는 방법
설명에 따라 차근차근 만들어 보아요.
주의해야 할 부분은 이미지를 확대
해 놓았어요.

주제별 단어
주제와 관련된 단어가 예쁜 그림과
함께 제시되어 있어요.

뚝딱뚝딱~ 만들어요!

1 3~5쪽 부록 1을 오려요.

2 팔과 다리의 관절이 연결되는
O부분을 펀치로 뚫어요.

3 구멍에 팔과 다리를 맞추어
할핀으로 고정해요.

4 손의 끝부분과 발의 끝부분에
납작 빨대를 붙여요.

5 다른 인형도 2~4의 순서에 따라
만들어요.

6 머리와 허리를 나무젓가락으로
고정하면 완성!

날씨

晴天	阴天	下雨	下雪	刮风	打雷
qíngtiān	yīntiān	xiàyǔ	xiàxuě	guāfēng	dǎléi
맑은 날씨	흐린 날씨	비가 내리다	눈이 내리다	바람이 불다	천둥이 치다

✂️ 만들기 부록

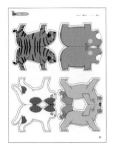 

동물 인형, 돌림판, 스티커 등 다양한 활동 자료가
수록되어 있어요.

🎴 단어 카드

我	你	你们
她	他	苹果
草莓	西瓜	香蕉
芒果	桃子	梨子
橙子	橘子	葡萄
菠萝	爷爷	奶奶

nǐmen	nǐ	wǒ
píngguǒ	tā	tā
xiāngjiāo	xīguā	cǎoméi
lízi	táozi	mángguǒ
pútao	júzi	chéngzi
nǎinai	yéye	bōluó

과일, 동물, 직업, 가족 등 주제별 단어를 단어 카드로 익혀요.

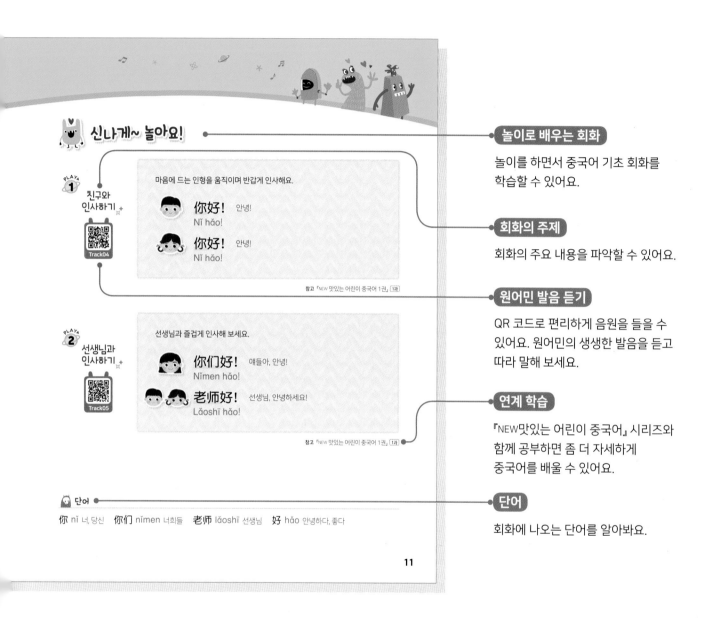

신나게~ 놀아요!

PLAY 1
친구와
인사하기

마음에 드는 인형을 움직이며 반갑게 인사해요.

你好! 안녕!
Nǐ hǎo!

你好! 안녕!
Nǐ hǎo!

참고 『NEW 맛있는 어린이 중국어 1권』 1과

PLAY 2
선생님과
인사하기

선생님과 즐겁게 인사해 보세요.

你们好! 얘들아, 안녕!
Nǐmen hǎo!

老师好! 선생님, 안녕하세요!
Lǎoshī hǎo!

참고 『NEW 맛있는 어린이 중국어 1권』 1과

놀이로 배우는 회화
놀이를 하면서 중국어 기초 회화를
학습할 수 있어요.

회화의 주제
회화의 주요 내용을 파악할 수 있어요.

원어민 발음 듣기
QR 코드로 편리하게 음원을 들을 수
있어요. 원어민의 생생한 발음을 듣고
따라 말해 보세요.

연계 학습
『NEW맛있는 어린이 중국어』 시리즈와
함께 공부하면 좀 더 자세하게
중국어를 배울 수 있어요.

단어

你 nǐ 너, 당신   你们 nǐmen 너희들   老师 lǎoshī 선생님   好 hǎo 안녕하다, 좋다

단어
회화에 나오는 단어를 알아봐요.

11

음원을 듣는 방법

방법1 교재에 수록된 QR 코드를 인식하면 음원을 바로 들을 수 있어요.
(포털 사이트에 있는 QR 코드 입력기를 클릭하거나 QR 코드 리더기를 활용하면 돼요.)

방법2 맛있는북스 홈페이지(www.booksJRC.com)에서 로그인을 한 후, MP3 파일을 다운로드 하여 들을 수 있어요.

쿵쿵따! 32가지 놀이로 신나게 놀아요

머리말 03
놀이짱은 이렇게 구성되어 있어요 04
중국어가 궁금해요 08

중국어가 궁금해요

중국어는 어떻게 쓸까요?

중국에서는 한자를 써요. 우리나라에서는 번체자(繁体字 fántǐzi)를 쓰는데, 중국에서는 번체자를 간단하게 만든 간체자(简体字 jiǎntǐzi)를 써요. 중국어는 한어병음(汉语拼音 Hànyǔ pīnyīn)이라는 로마자 발음 표기 규정으로 발음을 표기해요. 한어병음은 성모, 운모, 성조로 이루어져 있어요.

韩国 = Hánguó = 韓國
간체자   한국   번체자

중국어 발음

guó ⊘ 성조

성모   운모

Track01

성조 중국어 음의 높낮이를 나타내요.
중국어는 발음이 같아도 성조가 다르면 의미가 달라져요.

1성 ā   2성 á   3성 ǎ   4성 à   경성 a

성모 우리말의 자음과 비슷해요.

Track02

b	p	m	f	d	t	n
[ㅂ]	[ㅍ]	[ㅁ]	[ㅍ]	[ㄸ]	[ㅌ]	[ㄴ]

l	g	k	h	j	q	x
[ㄹ]	[ㄲ]	[ㅋ]	[ㅎ]	[ㅈ]	[ㅊ]	[ㅅ]

z	c	s	zh	ch	sh	r
[ㅉ]	[ㅊ]	[ㅆ]	[ㅈ]	[ㅊ]	[ㅅ]	[ㄹ]

운모 우리말의 모음과 비슷해요.

Track03

a	o	e	i	u	ü	ai
[아]	[오어]	[으어]	[이]	[우]	[위]	[아이]

ao	an	ang	ou	ong	ei	en
[아오]	[안]	[앙]	[어우]	[옹]	[에이]	[언]

eng	er	ia	iao	ie	iou(iu)	ian
[엉]	[얼]	[이아]	[이아오]	[이에]	[이어우]	[이앤]

in	iang	ing	iong	ua	uo	uai
[인]	[이앙]	[잉]	[이옹]	[우아]	[우어]	[우아이]

uei(ui)	uan	uen(un)	uang	ueng	üe	üan
[우에이]	[우안]	[우언]	[우앙]	[우엉]	[위에]	[위앤]

ün
[윈]

PLAY 01 움직이는 인형 인사

선생님과 함께해요!

준비물 가위, 펀치, 할핀, 나무젓가락, 납작 빨대, 글루건 또는 양면테이프

 팔다리가 움직이는 인형을 만드는 놀이예요. 인형을 움직이며 인사 표현을 재미있게 익혀 보아요.

 ## 뚝딱뚝딱~ 만들어요!

1 3~5쪽 부록 1을 오려요.

2 팔과 다리의 관절이 연결되는 ○부분을 펀치로 뚫어요.

3 구멍에 팔과 다리를 맞추어 할핀으로 고정해요.

4 손의 끝부분과 발의 끝부분에 납작 빨대를 붙여요.

5 다른 인형도 2~4의 순서에 따라 만들어요.

6 머리와 허리를 나무젓가락으로 고정하면 완성!

신나게~ 놀아요!

PLAY
1
친구와
인사하기 ✦

Track04

마음에 드는 인형을 움직이며 반갑게 인사해요.

你好! 안녕!
Nǐ hǎo!

你好! 안녕!
Nǐ hǎo!

참고 『NEW 맛있는 어린이 중국어 1권』 1과

PLAY
2
선생님과
인사하기 ✦

Track05

선생님과 즐겁게 인사해 보세요.

你们好! 얘들아, 안녕!
Nǐmen hǎo!

老师好! 선생님, 안녕하세요!
Lǎoshī hǎo!

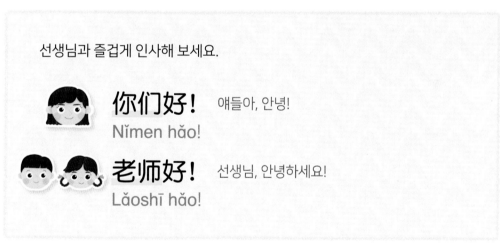

참고 『NEW 맛있는 어린이 중국어 1권』 1과

 단어

你 nǐ 너, 당신   你们 nǐmen 너희들   老师 lǎoshī 선생님   好 hǎo 안녕하다, 좋다

카드 선물이야 고마워, 미안해

선생님과 함께해요!

준비물 가위

 여러 가지 선물 카드를 오려서 친구에게 선물하며 관련 표현을 말해 보아요.
선물 카드 중에는 똥 카드도 있으니 조심하세요!

 뚝딱뚝딱~ 만들어요!

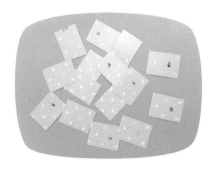

1 7쪽 부록 2의 카드를 오려요.

2 예쁘게 오린 카드를 뒤집어 놓으면 준비 끝!

 단어

谢谢 xièxie 고마워요　　不客气 bú kèqi 천만에요　　对不起 duìbuqǐ 미안해요

没关系 méi guānxi 괜찮아요　　要 yào 원하다　　不要 bú yào 원하지 않다

신나게~ 놀아요!

PLAY 1

감사할 때

Track06

고마운 일이 있을 때 말해 보세요.

 谢谢! 고마워!
Xièxie!

不客气! 천만에!
Bú kèqi!

참고 『NEW 맛있는 어린이 중국어 1권』 [2과]

PLAY 2

미안할 때

Track07

미안한 일이 있을 때 말해 보세요.

 对不起。 미안해.
Duìbuqǐ.

 没关系。 괜찮아.
Méi guānxi.

🌟 **놀이 방법**

❶ 선물 카드를 뒤집어서 섞은 후 한곳에 놓아요.

❷ 가위바위보를 해서 이긴 사람이 카드를 집어 상대방에게 줘요.

❸ 카드를 받은 사람이 카드의 그림을 보고 마음에 들면 谢谢。Xièxie.라고 말하고,
카드를 준 사람은 不客气。Bú kèqi.라고 대답해요.

❹ 만약 똥 카드가 나오면 카드를 받은 사람은 不要。Bú yào.라고 말해요.

❺ 그러면 카드를 준 사람은 对不起。Duìbuqǐ.라고 말해요. 이때 상대방은 没关系。
Méi guānxi.라고 대답하며 카드를 받아요.

참고 『NEW 맛있는 어린이 중국어 1권』 [2과]

이름표 목걸이 이름

 준비물 가위, 펀치, 실 또는 리본, 색연필 또는 크레파스

 멋진 아이언맨과 마법을 부리는 엘사가 되어 보아요. 자, 여러분은 어떤 이름표를 갖고 싶나요?

뚝딱뚝딱~ 만들어요!

1 9쪽 부록 3의 이름표를 오려요.

2 O부분을 펀치로 뚫어서 구멍을 만들어요.

3 구멍에 실이나 리본을 넣어서 연결하면, 이름표 목걸이 완성!

성씨

金	李	朴	崔	赵
Jīn	Lǐ	Piáo	Cuī	Zhào
김(金)	이(李)	박(朴)	최(崔)	조(趙)

신나게~ 놀아요!

PLAY
1

자신의 이름 말하기

Track08

자신의 이름표를 만든 후 말해 보세요.

我叫娜娜。 나는 나나야.
Wǒ jiào Nàna.

我叫龙龙。 나는 롱롱이야.
Wǒ jiào Lónglong.

참고 『NEW 맛있는 어린이 중국어 1권』 3과

PLAY
2

이름 묻고 답하기

Track09

자신이 좋아하는 이름표를 고른 후 말해 보세요.

你叫什么名字? 너는 이름이 뭐니?
Nǐ jiào shénme míngzi?

我叫아이언맨。 나는 아이언맨이야.
Wǒ jiào 아이언맨.

참고 『NEW 맛있는 어린이 중국어 1권』 3과

 ## 단어

我 wǒ 나   **叫** jiào (이름을) ~라고 부르다   **什么** shénme 무엇, 어떤   **名字** míngzi 이름

열려라, 냉장고 과일

선생님과 함께해요!

📝 **준비물** 가위, 풀, OHP 필름, 스카치테이프 또는 양면테이프

냉장고를 만들고 안에 원하는 과일을 차곡차곡 넣어요.
냉장고를 열고 먹고 싶은 과일을 중국어로 말하며 과일 스티커를 떼어 보아요.

뚝딱뚝딱~ 만들어요!

1 11쪽 부록 4의 냉장고 문을 오려요.

2 13쪽 부록 5의 냉장고 내부를 오려요.

3 냉장고 내부 그림에서 풀칠면을 뺀 나머지 부분에 OHP 필름을 붙여요.

4 풀칠하는 곳에 주의해서 냉장고에 문을 붙여요.

5 접는 선을 따라 바깥쪽으로 접어요.

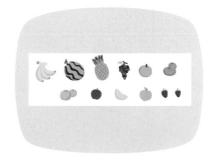

6 과일 스티커 1도 함께 준비해요.

 ## 신나게~ 놀아요!

PLAY 1

과일 이름 말하기1

Track10

냉장고에 과일을 붙이며 말해 보세요.

 这是什么? 이것은 뭐야?
Zhè shì shénme?

 这是苹果。 이것은 사과야.
Zhè shì píngguǒ.

참고 『NEW 맛있는 어린이 중국어 1권』 4과

PLAY 2

과일 이름 말하기2

Track11

냉장고에 붙어 있는 과일을 떼며 말해 보세요.

 那是什么? 저것은 뭐야?
Nà shì shénme?

 那是草莓。 저것은 딸기야.
Nà shì cǎoméi.

참고 『NEW 맛있는 어린이 중국어 1권』 4과

 단어

这 zhè 이(것)　　那 nà 저(것)　　是 shì ~이다　　水果 shuǐguǒ 과일　　苹果 píngguǒ 사과
草莓 cǎoméi 딸기　　西瓜 xīguā 수박　　香蕉 xiāngjiāo 바나나　　芒果 mángguǒ 망고
桃子 táozi 복숭아　　梨子 lízi 배　　橙子 chéngzi 오렌지　　橘子 júzi 귤　　葡萄 pútao 포도
菠萝 bōluó 파인애플

PLAY 05 우리 가족 물건 찾기 가족

 준비물 가위

 넥타이는 누구에게 어울릴까요? 돋보기안경은 누구의 물건일까요? 립스틱은 누가 바를까요?
우리 가족의 물건을 찾아주세요.

뚝딱뚝딱~ 만들어요!

1 15쪽 부록 6의 가족을 예쁘게
오려요.

2 소품 스티커 2도 함께 준비해요.

가족

爷爷	奶奶	爸爸	妈妈	哥哥	姐姐	弟弟	妹妹
yéye	nǎinai	bàba	māma	gēge	jiějie	dìdi	mèimei
할아버지	할머니	아빠	엄마	오빠, 형	언니, 누나	남동생	여동생

신나게~ 놀아요!

PLAY 1

소개하기1

Track 12

엄마를 소개한 후, 소품 스티커를 찾아 예쁘게 꾸며요.

 她是谁? 이분은 누구셔?
Tā shì shéi?

 她是我妈妈。 우리 엄마야.
Tā shì wǒ māma.

참고 『NEW 맛있는 어린이 중국어 1권』 5과

PLAY 2

소개하기2

Track 13

동생을 소개한 후, 소품 스티커를 찾아 멋지게 꾸며요.

 他是谁? 쟤는 누구야?
Tā shì shéi?

 他是我弟弟。 내 남동생이야.
Tā shì wǒ dìdi.

참고 『NEW 맛있는 어린이 중국어 1권』 5과

 단어

她 tā 그녀   他 tā 그   谁 shéi 누구

19

가족 나이 뽑기 나이

 준비물 가위, 빨대 또는 나무 막대, 스카치테이프, 머그컵 또는 큰 통

🥁 누구를 뽑게 될까요? 아빠? 할머니? 남동생? 내가 뽑은 우리 가족의 나이를 묻고 답해 보아요.

 ## 뚝딱뚝딱~ 만들어요!

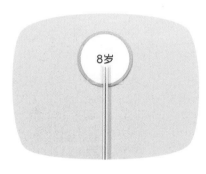

1 17쪽 부록 7의 가족 얼굴을 오려요.

2 가족 얼굴 뒤에 스카치테이프로 빨대 또는 나무 막대를 붙여요.

3 머그컵 혹은 큰 통 안에 **2**에서 완성한 막대 얼굴을 얼굴 쪽이 컵 안에 들어가게 넣어요.

숫자

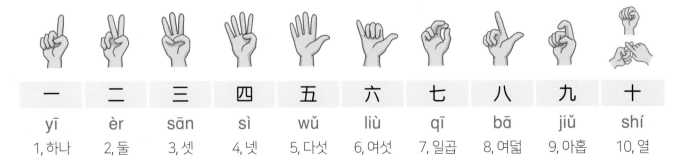

一	二	三	四	五	六	七	八	九	十
yī	èr	sān	sì	wǔ	liù	qī	bā	jiǔ	shí
1, 하나	2, 둘	3, 셋	4, 넷	5, 다섯	6, 여섯	7, 일곱	8, 여덟	9, 아홉	10, 열

 ## 신나게~ 놀아요!

PLAY 1
자신의 나이 말하기 ✦

Track14

통 안의 막대기를 뽑은 후, 나이를 말해 보세요.

你几岁? 너는 몇 살이니?
Nǐ jǐ suì?

我八岁。 나는 여덟 살이야.
Wǒ bā suì.

참고 『NEW 맛있는 어린이 중국어 1권』 6과

PLAY 2
나이 묻고 답하기 ✦

Track15

통 안의 막대기를 뽑은 후, 나이를 묻고 답해 보세요.

 你哥哥多大? 너희 형은 몇 살이니?
Nǐ gēge duō dà?

 我哥哥十二岁。 우리 형은 열두 살이야.
Wǒ gēge shí'èr suì.

참고 『NEW 맛있는 어린이 중국어 1권』 6과

 ## 단어

几 jǐ 몇   岁 suì 살, 세   多大 duō dà (나이가) 얼마인가

21

동전 튕기기 장소

준비물 가위, 동전

 가고 싶은 곳으로 동전을 튕겨 보아요.
튕겨진 동전을 따라 유치원에도 가고 슈퍼에도 가면서 중국어를 말해 보세요.

 뚝딱뚝딱~ 만들어요!

1 19쪽 부록 8의 게임판을 오려요.

2 말로 사용할 동전도 함께 준비해요.

장소

百货商店	**图书馆**	**餐厅**	**快餐厅**	**公园**
bǎihuò shāngdiàn	túshūguǎn	cāntīng	kuàicāntīng	gōngyuán
백화점	도서관	음식점	패스트푸드점	공원

 ## 신나게~ 놀아요!

 장소
말하기

Track16

가고 싶은 곳을 말해 보세요.

 你去哪儿? 너는 어디 가니?
Nǐ qù nǎr?

 我去游乐场。 나는 놀이공원에 가.
Wǒ qù yóulèchǎng.

✵ **놀이 방법**

① 가위바위보로 이긴 사람이 出发 chūfā(출발)에 동전을 놓고 준비해요.

② 상대방이 你去哪儿? Nǐ qù nǎr?이라고 물어보면 가고 싶은 곳을 말해요. 예를 들어 가고 싶은 곳이 문구점이면, 我去文具店。Wǒ qù wénjùdiàn.이라고 대답하고, 손으로 동전을 팅겨서 문구점까지 가면 성공이에요.

③ 만약 동전이 문구점이 아닌 다른 곳으로 가거나 게임판 밖으로 나가면 실패예요.

④ ①~③ 순서로 게임해서 세 곳의 장소를 먼저 가는 사람이 이겨요.

참고 『NEW 맛있는 어린이 중국어 1권』 7과

 ## 단어

去 qù 가다　哪儿 nǎr 어디　游乐场 yóulèchǎng 놀이공원　学校 xuéxiào 학교
幼儿园 yòu'éryuán 유치원　书店 shūdiàn 서점　超市 chāoshì 슈퍼, 마트
文具店 wénjùdiàn 문구점　医院 yīyuàn 병원

08 동물의 왕국 탐험대 동물

선생님과 함께해요!

준비물 가위

 동물 친구들을 오려서 세워 보아요. 호랑이, 하마를 중국어로 말하며 다 같이 친구가 되어 보세요.

 ## 뚝딱뚝딱~ 만들어요!

1 21쪽 부록 9의 호랑이를 예쁘게 오려요.

2 접는 선을 따라 반으로 접어요.

3 반으로 접은 호랑이를 세워요.

4 다른 동물도 1~3 순서에 따라서 만들어요.

 ## 신나게~ 놀아요!

동물
말하기

Track17

좋아하는 동물을 말해 보세요.

 你喜欢老虎吗? 너는 호랑이를 좋아하니?
Nǐ xǐhuan lǎohǔ ma?

 我喜欢老虎。 나는 호랑이를 좋아해.
Wǒ xǐhuan lǎohǔ.

 我不喜欢老虎。 나는 호랑이를 좋아하지 않아.
Wǒ bù xǐhuan lǎohǔ.

✳ 놀이 방법

① 상대방이 你喜欢老虎吗? Nǐ xǐhuan lǎohǔ ma?라고 물어보면, 我喜欢老虎。Wǒ xǐhuan lǎohǔ.라고 대답하면서 호랑이 종이 인형을 자기 쪽으로 갖고 와서 세워요.

② 상대방과 서로 번갈아 물어보면서 모든 동물을 똑같이 나누어 앞쪽에 세워요.

③ 같은 방식으로 我不喜欢老虎。Wǒ bù xǐhuan lǎohǔ.라고 대답하면서 자기 앞의 호랑이 종이 인형을 쓰러뜨려요.

참고 『NEW 맛있는 어린이 중국어 1권』 8과

 ## 단어

喜欢 xǐhuan 좋아하다   吗 ma ~입니까?   不 bù ~아니다   老虎 lǎohǔ 호랑이   河马 hémǎ 하마
猫 māo 고양이   狗 gǒu 개   大象 dàxiàng 코끼리   狮子 shīzi 사자   熊 xióng 곰
兔子 tùzi 토끼

25

웃는 얼굴 예쁜 얼굴 감정

선생님과 함께해요!

 준비물 가위, 풀

얼굴 카드를 만들어요. 웃는 얼굴이 될까요? 찡그린 얼굴이 될까요?
주사위도 던지고, 가위바위보도 하면서 웃는 얼굴, 놀란 얼굴, 화난 얼굴을 만들어 보아요.

 뚝딱뚝딱~ 만들어요!

1 23쪽 부록 10의 얼굴 카드를
오려요.

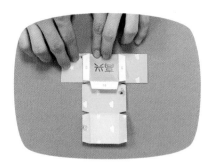

2 23쪽 부록 11의 주사위를 오린 후,
접는 선을 따라 접어요.

3 주사위의 풀칠면에 풀칠을 한 후,
주사위를 예쁘게 만들어요.

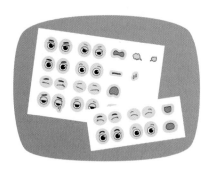

4 표정 스티커 3을 준비해요.

5 단어 스티커도 함께
준비하면 끝!

신나게~ 놀아요!

감정
표현하기

Track18

감정 주사위에 맞는 얼굴 표정을 지어 보세요.

 我很高兴。 나는 기뻐.
Wǒ hěn gāoxìng.

 我很生气。 나는 화났어.
Wǒ hěn shēngqì.

✿ 놀이 방법

❶ 각자 주사위를 던져서 주사위 면에 나온 중국어를 말한 후, 얼굴 카드에 해당 단어 스티커를 찾아 붙여요.

❷ 가위바위보를 해서 이긴 사람이 단어에 맞는 표정 스티커를 찾아 붙여요.

❸ 얼굴을 먼저 완성한 사람이 이겨요.

참고 『NEW 맛있는 어린이 중국어 2권』 1과

 단어

很 hěn 매우　　高兴 gāoxìng 기쁘다　　生气 shēngqì 화내다　　吃惊 chījīng 놀라다

累 lèi 피곤하다　　困 kùn 졸리다　　紧张 jǐnzhāng 긴장하다

PLAY 10

먹보 돼지 먹다&마시다

선생님과 함께해요!

🖍 준비물 가위, 칼, 자, 투명 비닐봉지, 스카치테이프

 먹을 것과 마실 것 그림 카드를 오리고, 먹보 돼지도 만들어요.
먹보 돼지에게 맛있는 햄버거와 케이크도 주고, 주스도 먹여 주세요.

 ## 뚝딱뚝딱~ 만들어요!

1 25쪽 부록 12의 먹을 것과 마실 것 그림 카드를 오려요.

2 25쪽 부록 12의 먹보 돼지를 오리고, 입에 십자 모양으로 칼집을 내요.

*칼집을 낼 때는 부모님 또는 선생님이 도와주세요!

3 먹보 돼지의 입 뒷부분에 투명 비닐봉지를 스카치테이프로 고정해요.

먹을거리&마실 거리

吃 chī 먹다	 **面包** miànbāo 빵	 **汉堡包** hànbǎobāo 햄버거	**蛋糕** dàngāo 케이크	**米饭** mǐfàn 쌀밥

吃
chī
먹다

面包 miànbāo 빵

汉堡包 hànbǎobāo 햄버거

蛋糕 dàngāo 케이크

米饭 mǐfàn 쌀밥

喝
hē
마시다

可乐 kělè 콜라

牛奶 niúnǎi 우유

果汁 guǒzhī 과일 주스

矿泉水 kuàngquánshuǐ 생수

신나게~ 놀아요!

음식
말하기

Track19

먹보 돼지가 좋아하는 먹을거리와 마실 거리를 주며 말해 보세요.

你吃什么?　너는 뭐 먹어?
Nǐ chī shénme?

我吃蛋糕。　나는 케이크 먹어.
Wǒ chī dàngāo.

你喝什么?　너는 뭐 마셔?
Nǐ hē shénme?

我喝可乐。　나는 콜라 마셔.
Wǒ hē kělè.

🌀 놀이 방법

① 상대방이 **你吃什么?** Nǐ chī shénme?라고 물어보면, **我吃蛋糕。** Wǒ chī dàngāo.
라고 대답하면서 케이크 그림 카드를 먹보 돼지 입에 넣어요.

② 반대로 상대방에게 **你喝什么?** Nǐ hē shénme?라고 물어보고, 상대방은 마시고
싶은 것을 말하면서 그 카드를 먹보 돼지 입에 넣어요.

③ ①~② 방식으로 여러 가지 음식과 음료수를 먹보 돼지에게 주어요.

참고 『NEW 맛있는 어린이 중국어 2권』 2과

알록달록 발판을 밟아요 _{색깔}

✏️준비물 가위, 풀, 스카치테이프, A4 용지

 🎵 색깔 발판을 바닥에 붙여 놓고, 노래 가사에 맞추어 색깔 발판을 밟아 보아요.

 뚝딱뚝딱~ 만들어요!

1 27~29쪽 부록 13의 색깔 발판을 오려 A4 용지에 붙여요.

2 색깔 발판을 바닥에 원을 그리며 펼쳐 놓고, 스카치테이프로 고정시켜요.

* 맛있는북스 홈페이지에서 다양한 색깔의 발판 그림을 다운로드 할 수 있어요.

색깔

红色	橘黄色	黄色	绿色	蓝色	紫色	白色	黑色
hóngsè	júhuángsè	huángsè	lǜsè	lánsè	zǐsè	báisè	hēisè
빨간색	주황색	노란색	녹색	파란색	보라색	흰색	검은색

신나게~ 놀아요!

색깔 말하기

Track20

선생님이 물어보는 색깔에 맞추어 발판을 이동하며 중국어로 말해 보세요.

 红色在哪儿? 　　빨간색은 어디 있어요?
Hóngsè zài nǎr?

 红色在这儿。 　　빨간색은 여기 있어요.
Hóngsè zài zhèr.

 蓝色在哪儿? 　　파란색은 어디 있어요?
Lánsè zài nǎr?

 蓝色在那儿。 　　파란색은 저기 있어요.
Lánsè zài nàr.

✎ **놀이 방법**

① '즐겁게 춤을 추다가'의 노래에 맞추어 각각의 색깔 발판을 발로 밟으며 움직여요.

② 노래가 멈추고 선생님이 **红色在哪儿?** Hóngsè zài nǎr?이라고 물어보면, **红色在 这儿。** Hóngsè zài zhèr.이라고 대답하면서 빨간색 발판으로 이동해요.

참고 『NEW 맛있는 어린이 중국어 2권』 3과

 단어

颜色 yánsè 색깔 　　**在** zài ~에 있다 　　**这儿** zhèr 여기, 이곳 　　**那儿** nàr 저기, 저곳

육각기둥 돌리기 나라

준비물 가위, 송곳, 꼬치 막대, 풀, 스카치테이프, 색연필

 예쁜 전통 의상 육각기둥을 만들어 보아요. 육각기둥을 돌리며 중국어로 나라 이름을 말해 보세요.

 뚝딱뚝딱~ 만들어요!

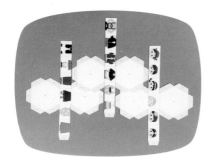

1 31~35쪽 부록 14의 육각기둥 평면도를 오려요.

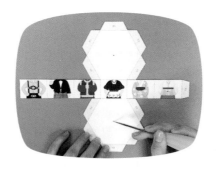

2 육각기둥 가운데 점이 있는 곳을 송곳으로 뚫어 구멍을 만들어요.

* 송곳을 사용할 때는 부모님 또는 선생님이 도와주세요!

3 육각기둥을 접는 선을 따라 접어요.

4 풀칠면에 풀칠을 해서 육각기둥을 만들어요.

5 꼬치 막대를 구멍에 넣어 육각기둥 세 개를 연결하면 준비 끝!

* 맛있는북스 홈페이지에서 전통 의상 밑그림이 있는 육각기둥 평면도를 다운로드 할 수 있어요.

신나게~ 놀아요!

 국가명
말하기

Track21

육각기둥을 돌려서 각 나라의 전통 의상이 되도록 맞추며 말해 보세요.

 你是哪国人? 너는 어느 나라 사람이니?
Nǐ shì nǎ guó rén?

 我是韩国人。 나는 한국 사람이야.
Wǒ shì Hánguórén.

我不是中国人。 나는 중국 사람이 아니야.
Wǒ bú shì Zhōngguórén.

놀이 방법

놀이 ①

① 상대방이 你是哪国人? Nǐ shì nǎ guó rén?이라고 물어보면, 我是OO人。Wǒ shì
OOrén.이라고 대답해요.

② 대답한 나라의 전통 의상이 되도록 육각기둥을 맞춰요.

놀이 ②

① 친구들이 선생님에게 你是哪国人? Nǐ shì nǎ guó rén?이라고 물어보면, 선생님
은 我是OO人。Wǒ shì OOrén.이라고 대답해요.

② 선생님의 대답에 맞게 육각기둥을 맞춘 후, 제일 먼저 육각기둥을 들어올리며
我是OO人。Wǒ shì OOrén.이라고 말한 사람이 이겨요.

참고 『NEW 맛있는 어린이 중국어 2권』 4과

 단어

哪国人 nǎ guó rén 어느 나라 사람   国家 guójiā 나라   韩国 Hánguó 한국
中国 Zhōngguó 중국   日本 Rìběn 일본   美国 Měiguó 미국   英国 Yīngguó 영국
法国 Fǎguó 프랑스   德国 Déguó 독일

즐거운 우리 집 가족

선생님과
함께해요!

🖊️ 준비물 가위, 칼, 자

자르고 접어서 예쁜 3층집 북아트를 만들어 보아요.
가족 스티커를 붙이며 중국어로 가족을 소개해 보세요.

뚝딱뚝딱~ 만들어요!

1 37쪽 부록 15를 오려요.

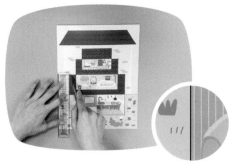

2 자르는 선을 따라 잘라요.
자르는 선을 꼭! 확인하세요.

＊칼을 사용하는 곳은 부모님 또는 선생님이
도와주세요!

3 안쪽으로 접는 선을 따라 접어요.

4 바깥쪽으로 접는 선을 따라 접어요.

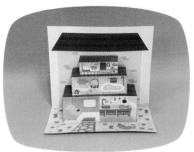

5 집 형태를 만들어 세워요.

6 가족 스티커 4도 함께 준비하면 끝!

신나게~ 놀아요!

 Track22

가족 말하기

가족 스티커를 붙이면서 가족들이 어디에 있는지 말해 보세요.

 你家有几口人? 너희 집은 몇 식구니?
Nǐ jiā yǒu jǐ kǒu rén?

 我家有五口人。 우리 집은 다섯 식구야.
Wǒ jiā yǒu wǔ kǒu rén.

 你妈妈在哪儿? 너희 엄마는 어디에 계셔?
Nǐ māma zài nǎr?

 我妈妈在客厅。 우리 엄마는 거실에 계셔.
Wǒ māma zài kètīng.

⚛ 놀이 방법

❶ 가족 스티커를 집의 여기저기에 붙이며 가족 명칭을 중국어로 말해요.

❷ 상대방이 你家有几口人? Nǐ jiā yǒu jǐ kǒu rén?이라고 물으면, 붙인 가족 스티커 수만큼 我家有O口人。 Wǒ jiā yǒu O kǒu rén.이라고 대답해요.

❸ 가족 구성원 중 한 명을 선택해서 어디에 있는지 묻고 답해요. 예를 들어 你妈妈在哪儿? Nǐ māma zài nǎr?이라고 물어보면, 我妈妈在OO。 Wǒ māma zài OO.이라고 대답해요.

참고 『NEW 맛있는 어린이 중국어 2권』 5과

단어

家 jiā 집   口 kǒu 명, 식구   有 yǒu 있다   没有 méiyǒu 없다   客厅 kètīng 거실

卫生间 wèishēngjiān 화장실   房间 fángjiān 방   阳台 yángtái 베란다   楼 lóu 층

35

직업 코스프레 직업

선생님과 함께해요!

 준비물 | 가위

🥁 직업에 필요한 여러 가지 물건들을 오려서 역할 놀이를 하며 직업을 묻고 답해 보아요.

 ## 뚝딱뚝딱~ 만들어요!

1 39쪽 부록 16을 잘라요.

2 각 소품이 어떤 직업에 필요한지 생각해 보아요.

직업

厨师	老师	医生	护士	歌手	空姐
chúshī	lǎoshī	yīshēng	hùshi	gēshǒu	kōngjiě
요리사	선생님	의사	간호사	가수	스튜어디스

画家	警察	科学家	公司职员	设计师	运动员
huàjiā	jǐngchá	kēxuéjiā	gōngsī zhíyuán	shèjìshī	yùndòngyuán
화가	경찰	과학자	회사원	디자이너	운동선수

신나게~ 놀아요!

PLAY
1

직업
말하기

Track23

직업에 맞는 소품을 들고 말해 보세요.

 你哥哥做什么工作? 너희 오빠는 무슨 일을 해?
Nǐ gēge zuò shénme gōngzuò?

 我哥哥是歌手。 우리 오빠는 가수야.
Wǒ gēge shì gēshǒu.

참고 『NEW 맛있는 어린이 중국어 2권』 6과

PLAY
2

직업
맞히기

Track24

선생님이 보여 주는 단어 카드를 보고 직업에 맞는 소품을 찾아 들고 역할에
맞게 연기해 보세요.

 你是警察吗? 너는 경찰이니?
Nǐ shì jǐngchá ma?

 对。我是警察。 맞아. 나는 경찰이야.
Duì.　Wǒ shì jǐngchá.

참고 『NEW 맛있는 어린이 중국어 2권』 6과

 단어

做 zuò 하다, 만들다　**工作** gōngzuò 일, 일하다　**对** duì 맞다, 옳다

37

PLAY 15

손바닥 발바닥 놀이 날짜&요일

준비물 가위, 사인펜, 스카치테이프

 손바닥 발바닥 놀이를 하며 중국어로 날짜와 요일을 익혀요.

 뚝딱뚝딱~ 만들어요!

1 41쪽 부록 17의 문장 카드를 오려서 한곳에 모아 놓아요.

2 43~49쪽 부록 18의 손바닥과 발바닥 판을 오려요.

3 손바닥과 발바닥 판에 문장 카드의 정답을 써놓아요.

* 맛있는북스 홈페이지에서 손바닥 발바닥 그림을 다운로드 할 수 있어요.

요일

星期一	星期二	星期三	星期四	星期五	星期六	星期天
xīngqīyī	xīngqī'èr	xīngqīsān	xīngqīsì	xīngqīwǔ	xīngqīliù	xīngqītiān
월요일	화요일	수요일	목요일	금요일	토요일	일요일

신나게~ 놀아요!

PLAY
★

**날짜와
요일을 말해요**

Track25

손바닥과 발바닥으로 정답지를 짚으며 날짜와 요일을 말해 보세요.

 今天几月几号? 오늘은 몇 월 며칠이야?
Jīntiān jǐ yuè jǐ hào?

 今天七月八号。 오늘은 7월 8일이야.
Jīntiān qī yuè bā hào.

 今天星期几? 오늘은 무슨 요일이야?
Jīntiān xīngqī jǐ?

 今天星期三。 오늘은 수요일이야.
Jīntiān xīngqīsān.

🪐 **놀이 방법**

❶ 손바닥 발바닥 모양의 정답지를 바닥에 놓고 스카치테이프로 고정시켜요.

❷ 한 친구가 질문이 쓰여 있는 문장 카드를 하나 선택해서 읽어요.

❸ 다른 친구가 질문의 대답이 쓰여진 정답지를 찾아 짚어요. 정답지 모양이 손바닥
이면 손바닥으로 짚고, 발바닥이면 발바닥으로 짚어요.

❹ 두 손과 두 발을 완벽하게 짚으면 성공이에요.

참고 『NEW 맛있는 어린이 중국어 2권』 7과

 단어

前天 qiántiān 그저께   昨天 zuótiān 어제   今天 jīntiān 오늘   明天 míngtiān 내일

后天 hòutiān 모레   月 yuè 월, 달   号 hào 일   星期 xīngqī 요일

儿童节 Értóngjié 어린이날   圣诞节 Shèngdànjié 크리스마스

39

나만의 손목시계 시간

🔖준비물 가위, 송곳, 똑딱단추, 벨크로, 양면테이프

 나만의 멋진 손목시계를 만들고 시침과 분침을 움직이며 몇 시인지 말해 보아요.

 뚝딱뚝딱~ 만들어요!

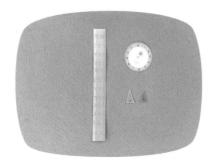

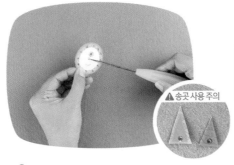

⚠ 송곳 사용 주의

1 51쪽 부록 19를 오려요.

2 시계알, 시침, 분침의 O부분을 송곳으로 뚫어요.

* 송곳을 사용할 때는 부모님 또는 선생님이 도와주세요!

3 시계알 위에 시침과 분침을 맞추어 똑딱단추로 연결해요.

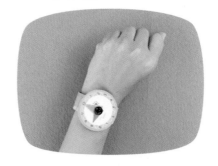

4 시곗줄에 벨크로를 붙여요.

5 양면테이프로 시계알을 시곗줄에 붙인 후 손목에 차요.

신나게~ 놀아요!

시간 말하기

Track26

친구가 말하는 시간을 듣고 시계의 시침과 분침을 맞춰 보세요.

 现在九点吗?   지금 9시야?
Xiànzài jiǔ diǎn ma?

 现在不是九点。   지금은 9시가 아니야.
Xiànzài bú shì jiǔ diǎn.

 现在几点?   지금 몇 시야?
Xiànzài jǐ diǎn?

 现在十点。   지금은 10시야.
Xiànzài shí diǎn.

✿ **놀이 방법**

놀이 **①** 선생님이 말하는 시간을 잘 듣고 시계의 시침과 분침을 맞춰요.

놀이 **②** 상대방이 중국어로 시간을 물어보면 자신의 시계를 보면서 대답해요.

참고 『NEW 맛있는 어린이 중국어 2권』 8과

 단어

现在 xiànzài 지금   **点** diǎn 시   **分** fēn 분   **两** liǎng 2, 둘   **半** bàn 반, 30분

비행기 타고, 배 타고 교통수단

선생님과 함께해요!

준비물 가위

 그림판으로 게임하며 비행기 타고 슈우웅 중국에 가요, 자동차 타고 부릉부릉 할머니 댁에 가요.

 ## 뚝딱뚝딱~ 만들어요!

1 51쪽 부록 20의 다양한 교통수단을 오린 후, 세워 놓아요.

2 53쪽 부록 21의 그림판을 예쁘게 오려요.

3 캐릭터 스티커 5도 함께 준비하면 끝!

 ## 단어

怎么 zěnme 어떻게   坐 zuò (교통수단을) 타다   飞机 fēijī 비행기   船 chuán 배

公共汽车 gōnggòng qìchē 버스   出租车 chūzūchē 택시   汽车 qìchē 자동차

火车 huǒchē 기차   地铁 dìtiě 지하철   济州岛 Jìzhōudǎo 제주도

신나게~ 놀아요!

교통수단
말하기

Track27

자신이 갈 곳과 타고 갈 교통수단을 말해 보세요.

 你怎么去? 너는 어떻게 가?
Nǐ zěnme qù?

 我坐飞机去。 나는 비행기 타고 가.
Wǒ zuò fēijī qù.

 你坐飞机去哪儿? 너는 비행기 타고 어디 가?
Nǐ zuò fēijī qù nǎr?

 我坐飞机去中国。 나는 비행기 타고 중국에 가.
Wǒ zuò fēijī qù Zhōngguó.

🎯 놀이 방법

❶ 스티커 5 중에서 각자 자신이 원하는 캐릭터를 골라요.

❷ 비행기를 타고 여행을 가고 싶은 경우, 상대방이 你怎么去? Nǐ zěnme qù?라고
물어보면, 我坐飞机去。Wǒ zuò fēijī qù.라고 대답하며 캐릭터 스티커를 비행기에
붙여요.

❸ 상대방이 你坐飞机去哪儿? Nǐ zuò fēijī qù nǎr?이라고 물어보면, 我坐飞机去中
国。Wǒ zuò fēijī qù Zhōngguó.라고 대답하며 비행기를 그림판의 중국 위치에 가져
다 놓아요.

참고 『NEW 맛있는 어린이 중국어 3권』 1과

PLAY 18

빙글빙글 날씨판 날씨

🔖준비물 가위, 펀치, 자, 칼

 날씨 원판을 만들어 보아요. 빙글빙글 돌려서 나오는 오늘의 날씨는 어떤가요?

 ## 뚝딱뚝딱~ 만들어요!

⚠ 칼 사용 주의

1 55쪽 부록 22의 원판을 오려요. 원판 가운데 '고리'를 자르는 선을 따라 잘라요.

* 칼을 사용할 때는 부모님 또는 선생님이 도와주세요!

2 57쪽 부록 23의 원판을 오린 후, 원판 가운데 구멍과 네모 구멍을 오려요.

3 1의 원판 고리를 2의 원판 가운데 구멍에 맞추어 끼워 넣어요.

날씨

晴天	**阴天**	**下雨**	**下雪**	**刮风**	**打雷**
qíngtiān	yīntiān	xiàyǔ	xiàxuě	guāfēng	dǎléi
맑은 날씨	흐린 날씨	비가 내리다	눈이 내리다	바람이 불다	천둥이 치다

신나게~ 놀아요!

 날씨
말하기

Track28

날씨판에 나온 그림을 보면서 날씨를 말해 보세요.

 今天天气怎么样? 오늘 날씨는 어때?
Jīntiān tiānqì zěnmeyàng?

 今天晴天。 오늘은 맑은 날씨야.
Jīntiān qíngtiān.

 明天天气怎么样? 내일 날씨는 어때?
Míngtiān tiānqì zěnmeyàng?

 明天下雨。 내일은 비가 내려.
Míngtiān xiàyǔ.

✧ **놀이 방법**

❶ 상대방이 今天天气怎么样? Jīntiān tiānqì zěnmeyàng?이라고 물어보면 원판의
손잡이를 잡고 돌려요.

❷ 구멍으로 보이는 날씨를 보고 今天晴天。Jīntiān qíngtiān. 今天下雨。Jīntiān
xiàyǔ.처럼 오늘의 날씨를 말해요.

참고 『NEW 맛있는 어린이 중국어 3권』 2과

 단어

天气 tiānqì 날씨 **怎么样** zěnmeyàng 어떠하다

문방구 놀이 문구&쇼핑

선생님과 함께해요!

준비물 가위, OHP 필름, 스카치테이프, 필기구

 나만의 쇼핑 리스트를 만들고, 사고 싶은 문구들을 사서 쇼핑백에 담아 보아요.

 뚝딱뚝딱~ 만들어요!

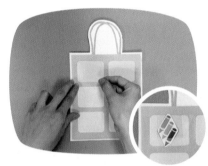

1 59쪽 부록 24의 쇼핑 리스트와 부록 25의 문구를 오려요.

2 나만의 쇼핑 리스트를 만들어요.

3 61쪽 부록 26의 쇼핑백을 오린 후, 쇼핑백의 네모 칸에 윗면을 제외하고 세 면에 OHP 필름을 오려 붙여요.

 단어

买 mǎi 사다   卖 mài 팔다   铅笔 qiānbǐ 연필   橡皮 xiàngpí 지우개
圆珠笔 yuánzhūbǐ 볼펜   蜡笔 làbǐ 크레용   笔盒 bǐhé 필통   本子 běnzi 공책
书 shū 책   书包 shūbāo 책가방   剪刀 jiǎndāo 가위

신나게~ 놀아요!

**물건
물어보기** ✨

Track29

문구점 주인이 되어 물건 카드를 놓으며 중국어로 말해 보세요.

 你有本子吗? 공책이 있어요?
Nǐ yǒu běnzi ma?

 我有本子。 공책이 있어요.
Wǒ yǒu běnzi.

참고 『NEW 맛있는 어린이 중국어 3권』 3과

**물건
구입하기** ✨

Track30

구입한 물건 카드를 쇼핑백에 담으며 중국어로 말해 보세요.

 你买什么? 무엇을 사?
Nǐ mǎi shénme?

 我买铅笔。 연필을 사.
Wǒ mǎi qiānbǐ.

⚛ 놀이 방법

❶ 쇼핑 리스트의 문장을 읽으며 나만의 쇼핑 리스트를 완성해요.

❷ 상대방이 **你买什么?** Nǐ mǎi shénme?라고 물어보면, 자신이 사고 싶은 물건이 연필
일 경우, **我买铅笔。** Wǒ mǎi qiānbǐ.라고 대답하며 연필 카드를 쇼핑백에 넣어요.

참고 『NEW 맛있는 어린이 중국어 3권』 3과

47

종이 인형 놀이 의복

선생님과 함께해요!

📝 준비물 가위, 칼

 종이 인형 놀이를 해보아요. 상점에서 옷을 구입해 인형에게 입혀 주며 의복 관련 단어와 쇼핑할 때 필요한 중국어를 익혀 보세요.

 뚝딱뚝딱~ 만들어요!

1 63쪽 부록 27을 오린 후, 표시된 부분에 칼집을 내요.

＊칼집을 낼 때는 부모님 또는 선생님이 도와주세요!

2 63~65쪽 부록 28의 각종 의상과 소품도 오려 놓아요.

패션

裤子	裙子	上衣	连衣裙	帽子	鞋子	大衣	手套
kùzi	qúnzi	shàngyī	liányīqún	màozi	xiézi	dàyī	shǒutào
바지	치마	상의	원피스	모자	신발	외투	장갑

신나게~ 놀아요!

쇼핑 하기

Track31

손님이 되어 마음에 드는 옷을 골라 종이 인형에게 입히며 중국어로 말해요.

 你想买什么? 무엇을 사고 싶으세요?
Nǐ xiǎng mǎi shénme?

 我想买裤子。 저는 바지를 사고 싶어요.
Wǒ xiǎng mǎi kùzi.

 裤子怎么样? 바지는 어때요?
Kùzi zěnmeyàng?

 裤子很大。 바지가 커요.
Kùzi hěn dà.

🔬 **놀이 방법**

❶ 바지를 사고 싶은 경우, 상대방이 你想买什么? Nǐ xiǎng mǎi shénme?라고 물어 보면, 我想买裤子。 Wǒ xiǎng mǎi kùzi.라고 대답하며 바지를 집어 종이 인형에게 입혀요.

❷ 만약 바지가 크면 裤子很大。 Kùzi hěn dà.라고 말하고 그보다 작은 바지를 종이 인형에게 입혀요.

❸ 다른 의상과 소품을 활용해서 ❶~❷처럼 말해 보세요.

참고 『NEW 맛있는 어린이 중국어 3권』 4과

 단어

想 xiǎng ~하고 싶다   大 dà 크다   小 xiǎo 작다   好看 hǎokàn 예쁘다
漂亮 piàoliang 예쁘다

병원 놀이 신체 부위

 준비물 가위

🥁 어디가 아픈가요? 병원에 가서 치료를 받아 보아요. 약도 먹고 반창고도 붙여요.

 뚝딱뚝딱~ 만들어요!

1 65쪽 부록 29를 오려요.

2 병원 놀이에 필요한 스티커 6도
함께 준비해요.

 단어

怎么了 zěnme le 왜 그러니(어디가 아프니)   呢 ne ~은(는)?   疼 téng 아프다
发烧 fāshāo 열이 나다   头 tóu 머리   眼睛 yǎnjing 눈   嗓子 sǎngzi 목(구멍)   手 shǒu 손
脚 jiǎo 발   腿 tuǐ 다리

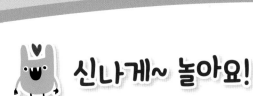

신나게~ 놀아요!

병원 놀이를 하면서 아픈 곳에 스티커를 붙이며 말해 보세요.

 你怎么了? 왜 그러세요?
Nǐ zěnme le?

 我头疼。 머리가 아파요.
Wǒ tóu téng.

 嗓子呢? 목은요?
Sǎngzi ne?

 嗓子也疼。 목도 아파요.
Sǎngzi yě téng.

✺ 놀이 방법

❶ 상대방이 你怎么了? Nǐ zěnme le?라고 물어보면, 我头疼。Wǒ tóu téng.이라고
대답하면서 머리에 반창고 스티커를 붙여요.

❷ 만약 눈이 아프다고 말하면 눈에 안대 스티커를 붙여요.

❸ ❶번처럼 다른 신체 부위도 활용해서 말해 보세요.

참고 『NEW 맛있는 어린이 중국어 3권』 5과

그림 빨리 맞추기 동작

✏준비물 가위

🥁 사등분으로 오려진 그림을 맞추며 중국어로 동작 단어를 익혀요.

 뚝딱뚝딱~ 만들어요!

1 67쪽 부록 30을 오려요.

2 자르는 선을 따라 각 그림을 사등분으로 오려요.

3 오린 그림들을 섞어서 그림이 보이도록 앞에 펼쳐 놓아요.

🐱 단어

玩儿游戏 wánr yóuxì 게임하다   **学** xué 배우다   **汉语** Hànyǔ 중국어   **英语** Yīngyǔ 영어
看 kàn 보다   **电视** diànshì TV, 텔레비전   **书** shū 책   **听** tīng 듣다   **音乐** yīnyuè 음악
唱歌 chànggē 노래를 부르다   **作业** zuòyè 숙제   **睡觉** shuìjiào 잠자다   **呢** ne ~하는 중이다

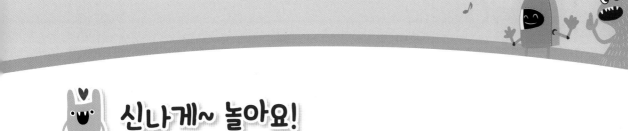

신나게~ 놀아요!

동작
말하기

Track33

지금 무엇을 하고 있는지 중국어로 말해 보세요.

 你做什么呢?   너는 뭐 하고 있어?
Nǐ zuò shénme ne?

 我学汉语呢。   나는 중국어를 배우고 있어.
Wǒ xué Hànyǔ ne.

你做什么呢?   너는 뭐 하고 있어?
Nǐ zuò shénme ne?

 我看电视呢。   나는 텔레비전을 보고 있어.
Wǒ kàn diànshì ne.

✿ 놀이 방법

① 오린 그림들을 앞에 무더기로 쌓아 놓아요.

② 둘이서 혹은 셋이서 가위바위보를 해요.

③ 진 사람은 이긴 사람에게 你做什么呢? Nǐ zuò shénme ne?라고 물어봐요.

④ 예를 들어 이긴 사람이 我学汉语呢。Wǒ xué Hànyǔ ne.라고 대답하면, 공부하는
   그림 조각을 이긴 사람이 가져가요.

⑤ ②~④ 순서로 게임을 진행하면서 그림을 먼저 완성하는 사람이 이겨요.

참고 『NEW 맛있는 어린이 중국어 3권』 6과

PLAY ▶
23 저울 놀이 비교

선생님과 함께해요!

 준비물 가위, 할핀, 펀치

저울을 만들어 누가 더 무거운지 어떤 물건이 더 무거운지 비교해 보아요.
키 재기 판도 만들어 친구들 중 누가누가 제일 키가 큰지 비교해 보아요.

 뚝딱뚝딱~ 만들어요!

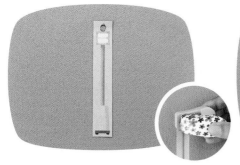

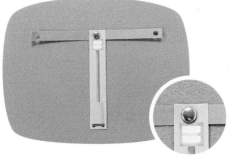

1 69쪽 부록 31의 저울을 오린 후, ○부분을 펀치로 뚫어요.

2 펀치로 저울대에 구멍을 뚫고, 할핀으로 저울을 고정해요.

3 비교 카드와 키 재기 판까지 오려 놓으면 준비 끝!

 단어

比 bǐ ~보다   更 gèng 더   高 gāo (키가)크다   矮 ǎi (키가)작다   重 zhòng 무겁다
轻 qīng 가볍다

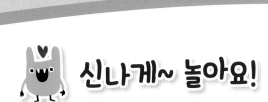

신나게~ 놀아요!

PLAY 1

높이
비교하기 ✦

Track34

키 재기 판에 키를 재보며 누가 더 큰지 말해 보세요.

谁更高? 누가 더 크니?
Shéi gèng gāo?

哥哥比弟弟高。 형이 남동생보다 커.
Gēge bǐ dìdi gāo.

참고 『NEW 맛있는 어린이 중국어 3권』 [7과]

PLAY 2

무게
비교하기 ✦

Track35

저울에 동물 카드를 걸어서 누가 더 무거운지 비교하며 말해 보세요.

谁更重? 누가 더 무겁니?
Shéi gèng zhòng?

大象比兔子重。 코끼리가 토끼보다 무거워.
Dàxiàng bǐ tùzi zhòng.

✦ 놀이 방법

① 谁更高? Shéi gèng gāo?라고 물어보면 키 재기 판에 형과 동생을 놓고 각각 키를 잰 후, 哥哥比弟弟高。 Gēge bǐ dìdi gāo.라고 대답해요.

② 谁更重? Shéi gèng zhòng?이라고 물어보면 저울에 코끼리와 토끼를 걸어 본 후, 大象比兔子重。 Dàxiàng bǐ tùzi zhòng.이라고 대답해요.

③ ①②처럼 다른 비교 카드로도 말해 보세요.

참고 『NEW 맛있는 어린이 중국어 3권』 [7과]

55

메달 따기 운동

선생님과 함께해요!

준비물 가위, 실 또는 리본, 펀치

 내가 할 수 있는 운동은 어떤 게 있나요? 누가 더 많은 금메달을 따는지 내기해 보아요.

 뚝딱뚝딱~ 만들어요!

1 71~73쪽 부록 32의 메달 목걸이를 오려요.

2 메달 윗부분에 구멍을 뚫은 후, 실이나 리본을 연결해 목걸이를 만들어요.

3 친구들과 메달 목걸이를 나누어 가지면 준비 끝!

단어

会 huì ~할 수 있다   游泳 yóuyǒng 수영하다   滑雪 huáxuě 스키를 타다
滑冰 huábīng 스케이트를 타다   打 dǎ 치다(하다)   篮球 lánqiú 농구
羽毛球 yǔmáoqiú 배드민턴   棒球 bàngqiú 야구   跆拳道 táiquándào 태권도
踢 tī 차다   足球 zúqiú 축구

신나게~ 놀아요!

가능&불가능 말하기

PLAY ★

Track36

자신이 할 수 있는 운동과 할 수 없는 운동을 말해 보세요.

 你会游泳吗? 너는 수영할 줄 아니?
Nǐ huì yóuyǒng ma?

 我不会游泳。 나는 수영할 줄 몰라.
Wǒ bú huì yóuyǒng.

 你会滑雪吗? 너는 스키 탈 줄 아니?
Nǐ huì huáxuě ma?

 我会滑雪。 나는 스키 탈 줄 알아.
Wǒ huì huáxuě.

✿ 놀이 방법

❶ 단어가 쓰여져 있는 면이 보이게 메달 목걸이를 펼쳐 놓아요.

❷ 한 친구가 메달 목걸이를 고르면, 선생님은 모든 친구들이 그림을 보지 않도록 조심하면서 그 친구에게 목걸이를 걸어 줘요. 메달 목걸이를 고른 친구도 그림을 보면 안 돼요.

❸ 메달 목걸이 뒷면에 쓰여져 있는 단어가 游泳 yóuyǒng이면, 상대방은 你会游泳吗? Nǐ huì yóuyǒng ma?라고 물어봐요.

❹ 메달 목걸이를 뒤집어 그림을 확인해요. 수영을 잘하는 그림이면 我会游泳。Wǒ huì yóuyǒng.이라고 대답하고 목걸이를 목에 걸고 있어요.

❺ 수영을 잘 못하는 그림이면 我不会游泳。Wǒ bú huì yóuyǒng.이라고 대답하고 목걸이를 벗어요.

❻ 마지막에 메달 목걸이를 많이 걸고 있는 사람이 이겨요.

참고 『NEW 맛있는 어린이 중국어 3권』 8과

57

PLAY ▶ 25

손가락 인형 놀이 가족

선생님과 함께해요!

●준비물 가위, 까슬이, 보슬이

 손가락에 가족 인형을 오려 붙여요. 엄지손가락에는 아빠, 검지손가락에는 엄마를 붙여 볼까요?
가족 인형을 붙인 손가락을 펴며 가족 명칭을 말해 보아요.

 ## 뚝딱뚝딱~ 만들어요!

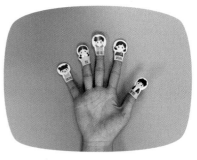

1 75쪽 부록 33의 손가락 인형을 오려요.

2 중국어가 써있는 면의 끝에는 까슬이를, 뒷면 끝에는 보슬이를 붙여요.

3 손가락 인형을 손가락에 알맞게 감아 고정하면 끝!

 단어

爱 ài 사랑하다   和 hé ~와(과)

58

신나게~ 놀아요!

PLAY 1

가족
말하기

Track37

손가락에 가족 인형을 끼고 말해 보세요.

 爸爸!　妈妈!　아빠! 엄마!
Bàba!　Māma!

我爱爸爸!　我爱妈妈!
Wǒ ài bàba!　Wǒ ài māma!
아빠 사랑해요! 엄마 사랑해요!

참고 『NEW 맛있는 어린이 중국어 0권』 1과

PLAY 2

역할
놀이

Track38

친구와 손가락 인형을 나누어 끼고 대화해 보세요.

 你是谁?　당신은 누구세요?
Nǐ shì shéi?

 我是爸爸。　나는 아빠란다.
Wǒ shì bàba.

참고 『NEW 맛있는 어린이 중국어 1권』 5과

PLAY 3

가족 수
말하기

Track39

한 손에 손가락 인형을 끼고 자신의 가족을 소개해 보세요.

 你家有几口人?　너희 집은 몇 식구야?
Nǐ jiā yǒu jǐ kǒu rén?

 我家有三口人。爸爸、妈妈和我。
Wǒ jiā yǒu sān kǒu rén. Bàba、māma hé wǒ.
우리 집은 세 식구야. 아빠, 엄마 그리고 내가 있어.

참고 『NEW 맛있는 어린이 중국어 2권』 5과

PLAY 26 물고기 낚시 놀이 나이&요일

선생님과 함께해요!

준비물 가위, 까슬이, 보슬이, 실, 자석, 양면테이프 또는 글루건, 클립, 나무젓가락

낚싯대를 만들어 바닷속 동물을 잡아 보아요. 바닷속 동물에 붙어 있는 숫자를 중국어로 크게 말해요.

뚝딱뚝딱~ 만들어요!

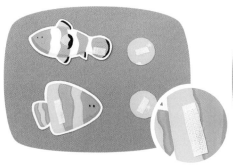
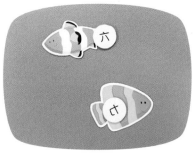

1 75쪽 부록 34의 숫자와 77쪽 부록 35의 바닷속 동물을 오려요.

2 바닷속 동물에는 까슬이를, 숫자 뒷면에는 보슬이를 붙여요.

3 바닷속 동물에 숫자를 붙여요.

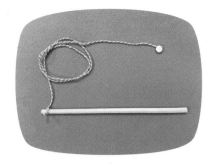

4 나무젓가락 끝에 실을 단단히 묶어요.

5 실 끝에 양면테이프나 글루건을 사용하여 자석을 붙여요.

6 바닷속 동물마다 클립을 끼워 놓으면 준비 끝!

* 맛있는북스 홈페이지에서 바닷속 동물과 숫자 그림을 다운로드 할 수 있어요.

60

신나게~ 놀아요!

PLAY 1

숫자 말하기

 Track40

친구가 숫자를 말하면 해당 숫자가 적힌 바닷속 동물을 낚시해요.

 一、二、三、四、五、 1, 2, 3, 4, 5,
Yī、èr、sān、sì、wǔ

六、七、八、九、十。 6, 7, 8, 9, 10.
liù、qī、bā、jiǔ、shí.

참고 『NEW 맛있는 어린이 중국어 0권』 2과

PLAY 2

나이 말하기

 Track41

바닷속 동물 두 마리를 낚시한 후, 더해서 나온 숫자로 나이를 말해 보세요.

 你多大? 너는 몇 살이니?
Nǐ duō dà?

 我十一岁。 나는 열한 살이야.
Wǒ shíyī suì.

참고 『NEW 맛있는 어린이 중국어 1권』 6과

PLAY 3

날짜 말하기

 Track42

낚시로 잡은 바닷속 동물 두 마리를 자석 칠판에 그린 달력에 붙인 후,
날짜를 말해 보세요.

 今天几月几号? 오늘은 몇 월 며칠이야?
Jīntiān jǐ yuè jǐ hào?

 今天五月五号。 오늘은 5월 5일이야.
Jīntiān wǔ yuè wǔ hào.

참고 『NEW 맛있는 어린이 중국어 2권』 7과

반짝반짝 예쁜 눈 신체 부위

선생님과 함께해요!

✏ 준비물 가위

 눈도 코도 없는 이상한 얼굴에 예쁜 눈과 오뚝한 코를 붙여 주세요.
스티커를 붙이면서 중국어로 말하는 것도 잊지 마세요!

 뚝딱뚝딱~ 만들어요!

1 79쪽 부록 36의 얼굴을 오려요. **2** 다양한 표정 스티커 7을 준비해요.

 단어

眼睛 yǎnjing 눈   鼻子 bízi 코   嘴巴 zuǐba 입   耳朵 ěrduo 귀   脸 liǎn 얼굴

头发 tóufa 머리카락   长 cháng 길다   短 duǎn 짧다

신나게~ 놀아요!

신체 부위
말하기

Track43

선생님이 말하는 신체 부위 스티커를 찾아 얼굴에 붙이며 말해요.

 眼睛、鼻子、耳朵、嘴巴。 눈, 코, 귀, 입.
Yǎnjing、bízi、ěrduo、zuǐba.

참고 『NEW 맛있는 어린이 중국어 0권』 3과

신체 부위
묘사하기

Track44

다양한 스티커를 얼굴에 붙이며 신체 부위에 대해 묘사해 보세요.

 眼睛很大。 눈이 커.
Yǎnjing hěn dà.

 鼻子很小。 코가 작아.
Bízi hěn xiǎo.

참고 『NEW 맛있는 어린이 중국어 3권』 4과 5과

위치
말하기

Track45

눈, 코, 입 스티커를 마음대로 붙인 후 말해 보세요.

 耳朵在哪儿? 귀는 어디 있어?
Ěrduo zài nǎr?

 耳朵在这儿。 귀는 여기 있어.
Ěrduo zài zhèr.

참고 『NEW 맛있는 어린이 중국어 2권』 3과, 『NEW 맛있는 어린이 중국어 3권』 5과

맛있는 아이스크림 만들기 _{색깔}

준비물 가위, 유성 사인펜, 까슬이, 보슬이

 맛있는 색깔 아이스크림을 만들어요. 빨간색은 무슨 맛일까요? 노란색은 무슨 맛일까요?

 뚝딱뚝딱~ 만들어요!

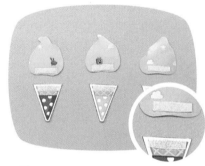

1 81쪽 부록 37의 아이스크림을 오려요.

2 유성 사인펜으로 아이스크림에 레인보우 가루를 만들어요.

3 아이스크림 과자 윗부분에는 까슬이를, 각각의 색깔 아이스크림 뒷면에는 보슬이를 붙여요.

 단어

好吃 hǎochī 맛있다   **真** zhēn 정말, 진짜   **就** jiù 바로

신나게~ 놀아요!

 PLAY
1

맛
표현하기

Track46

각 색깔의 아이스크림을 만들어 말해 보세요.

 这是红色。 이것은 빨간색이야.
Zhè shì hóngsè.

 好吃吗? 맛있어?
Hǎochī ma?

 真好吃。 정말 맛있어. / **不好吃。** 맛없어.
Zhēn hǎochī.   Bù hǎochī.

참고 『NEW 맛있는 어린이 중국어 0권』 4과

 PLAY
2

색깔
말하기

Track47

좋아하는 색깔의 아이스크림을 말해 보세요.

 红色在哪儿? 빨간색은 어디 있어?
Hóngsè zài nǎr?

 就在这儿。 바로 여기 있어.
Jiù zài zhèr.

 我喜欢红色。 나는 빨간색을 좋아해.
Wǒ xǐhuan hóngsè.

🎗 **놀이 방법**

❶ 상대방이 **红色在哪儿?** Hóngsè zài nǎr?이라고 물어보면, **就在这儿。** Jiù zài zhèr.
이라고 대답하며 빨간색 아이스크림을 찾아 아이스크림 과자 위에 붙여요.

❷ 그러고 나서 **我喜欢红色。** Wǒ xǐhuan hóngsè.라고 말하면 아이스크림을 가져갈
수 있어요. 만약 말하지 못하면 상대방이 **我喜欢红色。** Wǒ xǐhuan hóngsè.라고 말
할 수 있고, 아이스크림도 가져갈 수 있어요.

❸ 친구와 순서를 바꾸어 여러 가지 아이스크림을 물어보고 답해 보세요.

참고 『NEW 맛있는 어린이 중국어 1권』 8과, 『NEW 맛있는 어린이 중국어 2권』 3과

새콤달콤 과일 맛보기 과일

🔖준비물 가위, 풀, 두꺼운 도화지, 송곳

 새콤달콤한 과일의 겉과 속을 오려서 붙여요. 과일 겉부분의 종이를 열면 알맹이가 탱글탱글한 과일 속이 보여요.

 뚝딱뚝딱~ 만들어요!

1 83쪽 부록 38의 과일을 오려요.

2 과일 속부분의 풀칠면에 풀칠을 한 후, 과일 겉부분과 붙여요.

맛

甜	咸	酸	辣
tián	xián	suān	là
달다	짜다	시다	맵다

신나게~ 놀아요!

 **과일 이름 말하기**

 과일의 겉부분을 열면서 과일 이름을 말해 보세요.

葡萄、葡萄, 葡萄真好吃。
Pútao、pútao, pútao zhēn hǎochī.
포도, 포도, 포도는 정말 맛있어.

참고 『NEW 맛있는 어린이 중국어 0권』 5과

 과일 맛 표현하기

구멍으로 보이는 과일을 보면서 말해 보세요.

 ## 你吃什么? 너는 뭐 먹어?
Nǐ chī shénme?

 ## 我吃香蕉。 나는 바나나 먹어.
Wǒ chī xiāngjiāo.

香蕉真甜。 바나나는 정말 달아.
Xiāngjiāo zhēn tián.

✿ 놀이 방법

❶ 두꺼운 종이에 작은 구멍을 뚫고 상대방이 보지 못하게 한 후, 종이를 과일 위에 올려 놓아요.

❷ 그러고 난 후 상대방에게 你吃什么? Nǐ chī shénme?라고 물어봐요.

❸ 상대방은 작은 구멍으로 보이는 과일을 보면서 我吃OO。 Wǒ chī OO.이라고 대답해요.

참고 『NEW 맛있는 어린이 중국어 1권』 4과, 『NEW 맛있는 어린이 중국어 2권』 2과

어흥~ 가면 놀이 동물

 동물 가면을 오리고 붙여서 만들어요. 마음에 드는 동물 가면을 쓰고 흉내 내어 볼까요?

 ## 뚝딱뚝딱~ 만들어요!

1 85쪽 부록 39의 호랑이 가면을 오린 후, 눈 부분은 가위나 칼로 오려요.

* 칼을 사용할 때는 부모님 또는 선생님이 도와주세요!

2 호랑이의 귀, 코, 무늬 등을 오린 후, 가면에 붙여요.

3 펀치로 가면 양쪽에 작은 구멍을 뚫어 고무줄을 연결해요.

4 1~3 순서에 따라 87~91쪽 동물 가면도 만들어요.

 ## 단어

熊猫 xióngmāo 판다

신나게~ 놀아요!

 **PLAY 1**
동물 이름
말하기

 Track50

동물 가면을 쓰고 동물의 이름을 말해 보세요.

 老虎、兔子、大象、 호랑이, 토끼, 코끼리,
Lǎohǔ、 tùzi、 dàxiàng、

河马、狗、猫、狮子、熊。 하마, 개, 고양이, 사자, 곰.
hémǎ、 gǒu、 māo、 shīzi、 xióng.

참고 『NEW 맛있는 어린이 중국어 0권』 6과

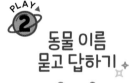 **PLAY 2**
동물 이름
묻고 답하기

 Track51

동물 가면을 쓰고 친구와 대화해 보세요.

 你叫什么名字? 너는 이름이 뭐니?
Nǐ jiào shénme míngzi?

 我叫熊猫。 나는 판다야.
Wǒ jiào xióngmāo.

你呢? 너는?
Nǐ ne?

 我叫兔子。 나는 토끼야.
Wǒ jiào tùzi.

참고 『NEW 맛있는 어린이 중국어 1권』 3과 8과

PLAY ▶
31

가족 액자 만들기 교통수단

준비물 가위, 칼, 색연필 또는 크레파스, 가족사진, 풀

 우리 같이 여행을 떠나요. 뭘 타고 어디로 갈까요?
여러 교통수단을 오리고 색칠한 후 가족사진을 붙여서 가고 싶은 곳에 가봐요.

 ## 뚝딱뚝딱~ 만들어요!

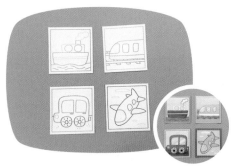

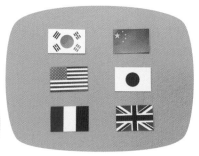

1 93쪽 부록 40의 다양한 교통수단을 오린 후, 예쁘게 색칠해요.

2 각 교통수단의 창문에 가족사진을 붙인 후, 95쪽 부록 41의 종이 막대를 사용해 세워 놓아요.

3 95쪽 부록 42의 국기 카드도 함께 오려 놓으면 준비 끝!

 단어

釜山 Fǔshān 부산

신나게~ 놀아요!

PLAY 1

교통수단 말하기

Track52

가족사진을 붙이고 말해 보세요.

我坐火车。 나는 기차를 타요.
Wǒ zuò huǒchē.

妈妈坐飞机。 엄마는 비행기를 타요.
Māma zuò fēijī.

✾ 놀이 방법

❶ 기차에 자기 사진을 붙이고 我坐火车。Wǒ zuò huǒchē.라고 말해요.

❷ 비행기에 엄마 사진을 붙이고 妈妈坐飞机。Māma zuò fēijī.라고 말해요.

❸ 95쪽 부록 41의 막대를 이용해 액자처럼 세워 놓아요.

참고 『NEW 맛있는 어린이 중국어 0권』 7과

PLAY 2

여행 국가 말하기

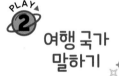
Track53

여행 가고 싶은 곳을 말해 보세요.

我坐火车去釜山。 나는 기차를 타고 부산에 가요.
Wǒ zuò huǒchē qù Fǔshān.

妈妈坐飞机去美国。 엄마는 비행기를 타고 미국에 가요.
Māma zuò fēijī qù Měiguó.

✾ 놀이 방법

❶ 95쪽 부록 42의 국기 카드를 늘어 놓아요.

❷ 상대방이 你去哪儿? Nǐ qù nǎr?이라고 물어보면, 我去OO。Wǒ qù OO.라고 대답해요.

❸ 상대방이 你怎么去? Nǐ zěnme qù?라고 물어보면, 비행기를 타고 갈 경우, 액자처럼 꽂은 비행기를 들어 여행 가는 국가의 국기 위에 갖다 놓으며 我坐飞机去OO。Wǒ zuò fēijī qù OO.라고 대답해요.

❹ ❷~❸의 방식으로 다양한 교통수단을 타고 여러 나라에 여행을 가봐요.

참고 『NEW 맛있는 어린이 중국어 3권』 1과

71

표정으로 말해요 _{날씨}

선생님과 함께해요!

🔹준비물 가위, 스카치테이프 또는 풀, 고무줄, 펀치

오늘의 날씨는 어떤가요? 날씨 머리띠를 하고 오늘의 날씨를 표정으로 말해 보아요.

뚝딱뚝딱~ 만들어요!

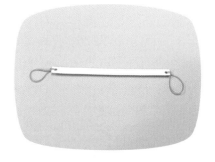

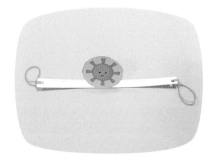

1 97쪽 부록 43의 머리띠를 오려요.

2 머리띠의 양쪽 끝부분을 펀치로 뚫은 후, 고무줄을 연결해요.

3 97쪽 부록 44의 날씨 그림을 오려서 머리띠의 가운데에 붙이면 준비 끝!

계절

春天	暖和	夏天	热	秋天	凉快	冬天	冷
chūntiān	nuǎnhuo	xiàtiān	rè	qiūtiān	liángkuai	dōngtiān	lěng
봄	따뜻하다	여름	덥다	가을	선선하다	겨울	춥다

신나게~ 놀아요!

PLAY 1
날씨 표정
짓기

Track54

날씨 머리띠를 하고, 날씨에 맞는 표정과 동작을 하며 말해요.

 今天下雪。 오늘은 눈이 내려.
Jīntiān xiàxuě.

 明天刮风。 내일은 바람이 불어.
Míngtiān guāfēng.

참고 『NEW 맛있는 어린이 중국어 0권』 8과

PLAY 2
오늘의 날씨
맞히기

Track55

상대방의 표정과 몸동작을 보고 오늘의 날씨를 말해요.

 今天天气怎么样?
Jīntiān tiānqì zěnmeyàng?
오늘은 날씨가 어때?

 今天天气真好, 晴天。
Jīntiān tiānqì zhēn hǎo, qíngtiān.
오늘은 날씨가 정말 좋아, 맑은 날씨야.

✦ 놀이 방법

① 날씨 그림을 보지 않고 머리띠를 한 후, 상대방에게 날씨를 물어요.
② 상대방이 날씨 머리띠의 그림을 보고 표정과 몸동작으로 날씨를 알려 줘요.
③ 상대방의 표정을 보고 날씨를 맞혀 보세요.

참고 『NEW 맛있는 어린이 중국어 3권』 2과

단어를 한눈에 쏙쏙! 알아봐요

Track56

* 부록으로 수록된 「단어 카드」로 복습해 보세요.

인칭

- ☐ 我 wǒ 나
- ☐ 你 nǐ 너, 당신
- ☐ 你们 nǐmen 너희들
- ☐ 她 tā 그녀
- ☐ 他 tā 그

과일

- ☐ 苹果 píngguǒ 사과
- ☐ 草莓 cǎoméi 딸기
- ☐ 西瓜 xīguā 수박
- ☐ 香蕉 xiāngjiāo 바나나
- ☐ 芒果 mángguǒ 망고
- ☐ 桃子 táozi 복숭아
- ☐ 梨子 lízi 배
- ☐ 橙子 chéngzi 오렌지
- ☐ 橘子 júzi 귤
- ☐ 葡萄 pútao 포도
- ☐ 菠萝 bōluó 파인애플

가족

- ☐ 爷爷 yéye 할아버지
- ☐ 奶奶 nǎinai 할머니
- ☐ 爸爸 bàba 아빠
- ☐ 妈妈 māma 엄마
- ☐ 哥哥 gēge 오빠, 형
- ☐ 姐姐 jiějie 언니, 누나

- ☐ 弟弟 dìdi 남동생
- ☐ 妹妹 mèimei 여동생

숫자

- ☐ 一 yī 1, 하나
- ☐ 二 èr 2, 둘
- ☐ 三 sān 3, 셋
- ☐ 四 sì 4, 넷
- ☐ 五 wǔ 5, 다섯
- ☐ 六 liù 6, 여섯
- ☐ 七 qī 7, 일곱
- ☐ 八 bā 8, 여덟
- ☐ 九 jiǔ 9, 아홉
- ☐ 十 shí 10, 열

장소

- ☐ 百货商店 bǎihuò shāngdiàn 백화점
- ☐ 图书馆 túshūguǎn 도서관
- ☐ 餐厅 cāntīng 음식점
- ☐ 快餐厅 kuàicāntīng 패스트푸드점
- ☐ 公园 gōngyuán 공원
- ☐ 游乐场 yóulèchǎng 놀이공원
- ☐ 学校 xuéxiào 학교
- ☐ 幼儿园 yòu'éryuán 유치원
- ☐ 书店 shūdiàn 서점
- ☐ 超市 chāoshì 슈퍼, 마트
- ☐ 文具店 wénjùdiàn 문구점

□ 医院 yīyuàn 병원

동물

□ 老虎 lǎohǔ 호랑이
□ 河马 hémǎ 하마
□ 猫 māo 고양이
□ 狗 gǒu 개
□ 大象 dàxiàng 코끼리
□ 狮子 shīzi 사자
□ 熊 xióng 곰
□ 兔子 tùzi 토끼
□ 熊猫 xióngmāo 판다

감정

□ 高兴 gāoxìng 기쁘다
□ 生气 shēngqì 화내다
□ 吃惊 chījīng 놀라다
□ 累 lèi 피곤하다
□ 困 kùn 졸리다
□ 紧张 jǐnzhāng 긴장하다

음식

□ 面包 miànbāo 빵
□ 汉堡包 hànbǎobāo 햄버거
□ 蛋糕 dàngāo 케이크
□ 米饭 mǐfàn 쌀밥
□ 可乐 kělè 콜라
□ 牛奶 niúnǎi 우유
□ 果汁 guǒzhī 과일 주스
□ 矿泉水 kuàngquánshuǐ 생수

색깔

□ 红色 hóngsè 빨간색
□ 橘黄色 júhuángsè 주황색
□ 黄色 huángsè 노란색
□ 绿色 lǜsè 녹색
□ 蓝色 lánsè 파란색
□ 紫色 zǐsè 보라색
□ 白色 báisè 흰색
□ 黑色 hēisè 검은색

나라

□ 韩国 Hánguó 한국
□ 中国 Zhōngguó 중국
□ 日本 Rìběn 일본
□ 美国 Měiguó 미국
□ 英国 Yīngguó 영국
□ 法国 Fǎguó 프랑스
□ 德国 Déguó 독일

직업

□ 厨师 chúshī 요리사
□ 老师 lǎoshī 선생님
□ 医生 yīshēng 의사
□ 护士 hùshi 간호사
□ 歌手 gēshǒu 가수
□ 空姐 kōngjiě 스튜어디스
□ 画家 huàjiā 화가
□ 警察 jǐngchá 경찰
□ 科学家 kēxuéjiā 과학자
□ 公司职员 gōngsī zhíyuán 회사원

- [ ] 设计师 shèjìshī 디자이너
- [ ] 运动员 yùndòngyuán 운동선수

교통수단

- [ ] 飞机 fēijī 비행기
- [ ] 船 chuán 배
- [ ] 公共汽车 gōnggòng qìchē 버스
- [ ] 出租车 chūzūchē 택시
- [ ] 汽车 qìchē 자동차
- [ ] 火车 huǒchē 기차
- [ ] 地铁 dìtiě 지하철

날씨

- [ ] 晴天 qíngtiān 맑은 날씨
- [ ] 阴天 yīntiān 흐린 날씨
- [ ] 下雨 xiàyǔ 비가 내리다
- [ ] 下雪 xiàxuě 눈이 내리다
- [ ] 刮风 guāfēng 바람이 불다
- [ ] 打雷 dǎléi 천둥이 치다

문구

- [ ] 铅笔 qiānbǐ 연필
- [ ] 橡皮 xiàngpí 지우개
- [ ] 圆珠笔 yuánzhūbǐ 볼펜
- [ ] 蜡笔 làbǐ 크레용
- [ ] 笔盒 bǐhé 필통
- [ ] 本子 běnzi 공책
- [ ] 书 shū 책
- [ ] 书包 shūbāo 책가방
- [ ] 剪刀 jiǎndāo 가위

패션

- [ ] 裤子 kùzi 바지
- [ ] 裙子 qúnzi 치마
- [ ] 上衣 shàngyī 상의
- [ ] 连衣裙 liányīqún 원피스
- [ ] 帽子 màozi 모자
- [ ] 鞋子 xiézi 신발
- [ ] 大衣 dàyī 외투
- [ ] 手套 shǒutào 장갑

신체

- [ ] 眼睛 yǎnjing 눈
- [ ] 鼻子 bízi 코
- [ ] 嘴巴 zuǐba 입
- [ ] 耳朵 ěrduo 귀
- [ ] 头 tóu 머리
- [ ] 脸 liǎn 얼굴
- [ ] 嗓子 sǎngzi 목(구멍)
- [ ] 手 shǒu 손
- [ ] 脚 jiǎo 발
- [ ] 腿 tuǐ 다리

스포츠

- [ ] 游泳 yóuyǒng 수영하다
- [ ] 滑雪 huáxuě 스키를 타다
- [ ] 滑冰 huábīng 스케이트를 타다
- [ ] 篮球 lánqiú 농구
- [ ] 羽毛球 yǔmáoqiú 배드민턴
- [ ] 棒球 bàngqiú 야구
- [ ] 跆拳道 táiquándào 태권도
- [ ] 足球 zúqiú 축구

32가지 놀이로 중국어 기초 회화를 배워요!

맛있는 어린이 중국어 놀이짱

★ 재미있는 교구로 쉽고 즐거운 중국어를 가르치고 싶다면 꼭 필요한 책입니다. 어린아이들이 좋아할 만한 그림과 교구로 꽉 찬 『맛있는 어린이 중국어 놀이짱』을 현직&예비 어린이 중국어 강사님들께 강력 추천합니다!

EBSlang 중국어 대표 강사 유리 선생님

★ 황지민 원장님의 풍부한 경험과 노하우가 담겨 있는 『맛있는 어린이 중국어 놀이짱』이 드디어 출간되었습니다. 교육 현장에서 어린이 중국어 수업을 진행하며 자료와 아이디어를 찾아 헤매던 선생님들과 엄마표 중국어를 실천하고 싶은 모든 분들께 추천합니다.

『직장인 중국어 공부법』 저자 송도팡팡중국어 강윤주 원장님

★ 요즘 한두개 외국어 구사는 선택이 아닌 필수가 되었고, 어렸을 때부터 중국어를 접하는 아이들도 점차 늘어나고 있어요. 외국어는 평생 숙제와 같다는 말에 공감하시는 분들이 많으실 텐데요, 엄마와 함께 놀이로 중국어를 시작한다면 신나는 숙제가 되지 않을까요? 이 책 속의 풍성한 주제별 부록은 엄마도 부담없이 하루하루 엄마표 중국어를 준비할 수 있도록 도와줄 거예요. 어린이 중국어 강사로서도 『맛있는 어린이 중국어 놀이짱』은 지루하지 않고 흥미로운 중국어 수업이 되도록 도와주는 '선물'과 같은 책이에요.

미사강변초, 윤슬초 방과후 중국어 강사 정선정 선생님

★ 수업마다 한 보따리 가득 이고 지고 다니는 보부상형 강사님도, 만들어 보아도 모양이 안 나는 똥손 강사님도, 이도저도 하기시루떡 귀차니즘형 강사님도, 아이와 함께 중국어로 놀아 주고 싶은 스마트한 엄마표 중국어 맘님들도 주목하세요! 놀이북 부록으로 자르고! 오리고! 붙이고! 신나게 놀다 보면 중국어 발화는 덤으로 따라옵니다. 저도 다음 학기에 아이들과 신나게 놀아 볼래요.

보라초 강사, 서울대 경영대학원 중국어 회화 강사 김예진 선생님

★ 아이들과 쉽게 만들 수 있는 교구가 주제별로 수록되어 있어서 재미있게 중국어를 배우며 발화할 수 있어요. 교구 준비에 부담을 느끼는 선생님뿐만 아니라, 홈스쿨링을 하려는 부모님도 다양한 교구를 활용하여 아이들과 함께 중국어와 친해질 수 있는 유익한 놀이북이에요.

리틀트라움어린이집, 위버지니어스 딩동댕친구 어린이집 선민정 선생님

★ '중국어 좀 하네'라는 소리를 들으며 사회 생활을 한 제가 엄마가 되고 보니 아이에게 중국어를 가르쳐 주고 싶었어요. 그러나 시중의 어린이 교재로는 아이들에게 즐겁게 중국어를 가르쳐 주기가 어려웠죠. 이런 저의 목마름을 알기나 하듯 어린이 중국어 교재의 모든 조건을 갖춘 새로운 형식의 교재가 나왔어요. 한 페이지 한 페이지 넘기며 아이와 놀다 보면 어느새 아이가 웃으며 신나게 중국어를 할 수 있게 되는 책이에요. 아이들에게 중국어를 가르치며 얻은 노하우를 모두 녹여낸 『맛있는 어린이 중국어 놀이짱』으로 엄마표 중국어의 한계를 뛰어넘길 바라요!

신세계 아카데미, 홈플러스 문화센터 중국어동화놀이터 김효정 선생님

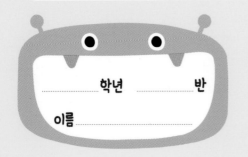

학년   반
이름

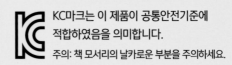

KC마크는 이 제품이 공통안전기준에 적합하였음을 의미합니다.

주의: 책 모서리의 날카로운 부분을 주의하세요.

값 16,800원

63720

9 791161 480374

ISBN 979-11-6148-037-4

운모

a chāzi 포크	**o** mō 어루만지다	**e** hē 마시다	**i** chī 먹다	**u** kùzi 바지	**ü** qù 가다	**ai** lái 오다
ao sháozi 숟가락	**an** kàn 보다	**ang** láng 늑대	**ou** shǒu 손	**ong** dōngtiān 겨울	**ei** hēisè 검은색	**en** běnzi 공책
eng péngyou 친구	**er** érzi 아들	**ia** xiàtiān 여름	**iao** xiāngjiāo 바나나	**ie** xiě 쓰다	**iou (iu)** qiūtiān 가을	**ian** qiānbǐ 연필
in pīntú 퍼즐	**iang** xiàngpí 지우개	**ing** xīngxing 별	**iong** xióngmāo 판다	**ua** shuǎyá 이를 닦다	**uo** huǒchē 기차	**uai** guāi 착하다
uei (ui) tuǐ 다리	**uan** chuān 입다	**uen (un)** chūntiān 봄	**uang** chuáng 침대	**ueng** wèng 항아리	**üe** xiàxuě 눈이 내리다	**üan** quānzi 동그라미
ün qúnzi 치마						

맛있는 books